ANNE WILLAN

CUISINE EN IMAGES

Les poissons

ANNE WILLAN

CUISINE EN IMAGES

Les poissons

UN LIVRE DORLING KINDERSLEY

CUISINE EN IMAGES
Les poissons
est l'adaptation française de LOOK & COOK, *Fish Classics,*
créé et réalisé par Carroll & Brown Ltd pour Dorling Kindersley Ltd (Londres)

Nous remercions tous ceux qui ont contribué à la réalisation de cet ouvrage.
Direction de l'ouvrage : Jeni Wright • **Éditeurs :** Sally Poole, Jennifer Feller, Norma MacMillan,
Stella Vayne • **Direction artistique :** Vicky Zentner • **Maquettistes :** Lucy De Rosa,
Mary Staples, Alan Watt, Lisa Webb • **Producteur :** Wendy Rogers

ADAPTATION FRANÇAISE
sous la direction de l'équipe éditoriale de Sélection du Reader's Digest
Direction éditoriale : Gérard Chenuet
Responsable de l'ouvrage : Paule Meunier
Lecture-correction : Emmanuelle Dunoyer
Couverture : Françoise Boismal, Dominique Charliat
Fabrication : Jacques Le Maitre

Réalisation de l'adaptation française :
AMDS (Atelier Martine et Daniel Sassier)
1-5, rue Sivel - 75014 Paris

Montage PAO : Pascale Pescheloche

PREMIÈRE ÉDITION
Édition originale
© 1993, Dorling Kindersley Limited
© 1993, Anne Willan pour les textes

Édition française
Première édition publiée au Canada en 1994
ÉDITIONS PHIDAL
5518 Ferrier, Mont-Royal, Québec, H4P 1M2

ISBN 2-89393-270-3

SOMMAIRE

A noter que:
Cabillaud peut dire Morue
Carrelet   **Sole**
Lotte   **Baudroie**

LES POISSONS

CUISINE EN IMAGES

A vec **Les poissons,** découvrez ou retrouvez la série **Cuisine en images.** Jamais encore vous n'avez rencontré de livres de cuisine aussi simples et aussi complets. Je vous y fais découvrir, étape par étape, mes techniques les plus utiles et mes recettes préférées, comme si je vous accompagnais en cuisine pas à pas. Quand vous avez envie de réaliser un plat, il vous faut un équipement adapté

ÉQUIPEMENT

et des ingrédients précis. Dès la première page de chaque recette, **Cuisine en images** en dresse la liste complète et illustrée. Vous connaîtrez aussi immédiatement le nombre de personnes que vous pourrez servir, les temps de préparation et de cuisson, la présentation du plat... et même la meilleure façon de vous organiser.

INGRÉDIENTS

Au fil des étapes, vous réussirez toutes les recettes, sans problème. Chacune de ces étapes, identifiée par une couleur, s'accompagne d'images et de commentaires brefs et précis. Ainsi, à tout instant, vous saurez ce que vous devez faire, pourquoi vous le faites, et à quoi doit ressembler votre plat à ce moment de sa réalisation.

POUR 4 À 6 PERSONNES   PRÉPARATION : DE 25 À 35 MIN   CUISSON : DE 20 À 30 MIN

Dans la rubrique «Anne vous dit», j'ai rassemblé des trucs et des expériences qui vous aideront : suggestion pour remplacer tel ingrédient ou tel ustensile, justification du choix de telle ou telle méthode, conseil pour maîtriser telle ou telle technique... J'ai aussi prévu des «Attention !» pour vous signaler une éventuelle difficulté.

De nombreuses photographies sont accompagnées de légendes supplémentaires qui expliquent le maniement d'un ustensile ou précisent l'aspect d'une préparation. Un plat bien présenté ouvre l'appétit; vous pourrez l'admirer à la fin de chaque recette et trouver des idées pour le servir.

Avec **Cuisine en images,** vous ne pouvez pas vous tromper. Je serai à chaque instant à vos côtés. Laissez-moi donc vous aider à réaliser et à réussir **Les poissons.**

Anne Willan

LES POISSONS

Le poisson a trouvé sa vraie place dans notre alimentation : il répond aux critères
de la diététique d'aujourd'hui; sa qualité et sa fraîcheur sur les étals se sont
considérablement améliorées; et le choix est de plus en plus vaste, grâce aux techniques
de manutention et à la rapidité des transports. Le poisson a la réputation d'être difficile
à cuisiner, mais la simplicité des recettes de ce livre vous prouvera qu'il n'en est rien.
Dès lors, il vous offrira d'infinies saveurs
et d'innombrables possibilités.

CHOIX DES RECETTES

Ces recettes réunissent aussi bien des grands classiques que des innovations de la nouvelle cuisine. L'ouvrage est destiné à celles et ceux qui mènent une vie active : il offre une sélection de préparations saines, rapides et inventives, qui vous donneront — ou vous rendront — l'envie de cuisiner des poissons. Elles sont toutes prévues pour être servies en plat principal, mais certaines d'entre elles peuvent devenir de substantielles entrées. Pour vous aider, ce livre est divisé en deux grandes parties : d'abord des recettes à base de morceaux ou de filets de poisson, ensuite des recettes à partir de poissons entiers.

MORCEAUX ET FILETS

Steaks de thon grillés et salsa : des tranches de thon marinées sont grillées et servies avec une salsa de tomate, de maïs, de poivron rouge, de coriandre et d'oignon. *Espadon grillé au fenouil et aux tomates séchées :* des tomates séchées au soleil et conservées dans l'huile se marient au fenouil pour accompagner des steaks d'espadon.
Saumon à l'unilatéral et purée de coriandre : le saumon frit d'un seul côté présente une face croustillante et l'autre tout juste rose; il est servi avec un pesto vert émeraude à base de coriandre fraîche. *Saumon à l'unilatéral et sabayon d'ail :* un sabayon mousseux aux saveurs d'ail, de vin blanc et de vermouth parfume les filets de saumon grillés d'un seul côté. *Ragoût de poisson aux épices :* des morceaux de lotte et plusieurs légumes mêlés à de la pomme, de la noix de coco séchée et beaucoup d'épices donnent naissance à un plat exotique. *Ragoût de poisson aux pommes de terre :* des petits pois et des cacahuètes apportent du croquant à ce ragoût d'églefin. *Ragoût de poisson aux poivrons :*

trois couleurs de poivron rehaussent la blancheur du poisson. *Flétan à l'orientale en papillotes :* des haricots noirs fermentés et des parfums chinois relèvent ces filets blancs, cuits dans des papillotes sur un lit de mange-tout. *Flétan à la thaï en papillotes :* des saveurs de Thaïlande signent ce plat surprenant et savoureux. *Brochettes de thon au bacon :* des cubes de thon marinés, enrobés de tranches de bacon, alternent avec des tomates cerises sur des brochettes qui sont ensuite grillées et servies sur un lit d'épinards frais et de mangue émincée. *Brochettes de lotte au bacon :* des dés de lotte dorent sur des brochettes avec des tranches de bacon et des quartiers d'oignon rouge. *Marmite de cabillaud et de moules Nouvelle-Angleterre :* des moules dans leur coquille et des cubes de poitrine fumée donnent de la couleur à cette marmite de poisson riche et crémeuse. *Marmite de cabillaud et de moules Manhattan :* ce ragoût de poisson est relevé de tomates, d'ail, de thym et de vin blanc. *Fish and chips :* ce grand classique de la cuisine anglaise réunit des filets de cabillaud frits et… des frites. *Tempura de poisson aux patates douces :* une pâte à beignet japonaise enrobe le poisson qu'accompagnent des rondelles de patate douce frites et une sauce orientale. *Parmentier du pêcheur :* un délicieux plat à base d'églefin émietté, de crevettes, d'œufs durs et de sauce blanche, caché sous une purée de pommes de terre et gratiné au four. *Petits gratins de poisson :* la purée cède ici la place à un crumble aux flocons d'avoine, au persil et au parmesan. *Saltimbocca de saumon :* une délicieuse

version des paupiettes dans laquelle des tranches de saumon frais mariné et des feuilles de basilic s'enroulent autour de saumon fumé, avant d'être sautées au beurre et servies avec des tomates au basilic. *Paupiettes de sole :* des filets de sole roulés avec du saumon fumé cuisent à la vapeur. *Rôti de lotte et sauces à l'ail et au piment :* de beaux filets de lotte, marinés dans de l'huile d'olive parfumée de thym et d'origan frais, sont rôtis, puis tranchés et servis avec une sauce à l'ail et une autre au piment. *Escalopes de lotte grillées et sauces à l'ail et au piment :* les mêmes sauces relèvent des filets de lotte marinés finement émincés et rapidement passés au gril. *Lasagnes de la mer :* un millefeuille de pâtes, de limande, de crevettes et de noix de Saint-Jacques cuit dans une sauce crémeuse aux saveurs de champignons, de tomates, d'échalotes et de vin blanc et gratine sous du fromage. *Lasagnes vertes à la truite fumée :* cette variante des lasagnes de la mer est bien parfumée par de la truite fumée. *Tresses de poissons et leur vinaigrette chaude :* trois variétés de poissons taillées en lanières et délicatement tressées sont ici présentées avec un assaisonnement chaud et piquant. *Panaché de poissons et sa vinaigrette chaude au xérès :* ce trio de poissons de couleurs différentes cuit aussi à la vapeur. *Lotte à l'américaine :* cette recette inventée, malgré son nom, par un Français est à base de tomate, d'ail, de vin blanc et de cognac… bien français ! *Morue à l'américaine :* la sauce américaine qui rehausse le goût de la morue émiettée ne saurait se passer de riz pilaf ! *Turbans de sole à la mousse de champignons sauvages :* des filets de sole s'enroulent autour d'une délicieuse mousse de champignons avant de cuire dans du vin blanc, et se dégustent avec une sauce au beurre et à la coriandre. *Turbans de plie à la mousse d'épinards :* les turbans accueillent ici une mousse légère aux épinards et se nappent d'une simple sauce au beurre et à la tomate. *Terrine aux deux poissons et sauce au gingembre :* une délicate mousseline de saumon rose, présentée dans un écrin de filets de sole, cache une jolie mosaïque de saumon fumé et de sole. *Petites terrines de poisson :* des ramequins tapissés de saumon frais finement émincé sont remplis d'une onctueuse mousseline de sole ou de merlan.

POISSONS ENTIERS

Bouillabaisse : la célèbre spécialité de Marseille, qui peut se préparer avec toutes sortes de poissons, se parfume d'ail, de safran, de fenouil, d'orange et de pastis. *Bouillabaisse créole :* cette version venue de Louisiane s'enrichit de fruits de mer. *Truites sautées aux noisettes :* dans cette recette rapide, les truites sautées au beurre sont servies sous un semis de noisettes grillées croustillantes. *Truites sautées aux câpres, au citron et aux croûtons :* les truites moelleuses se marient ici à une garniture piquante. *Saumon poché et sauce au cresson de fontaine :* le saumon est présenté entier, accompagné d'une sauce au cresson rafraîchissante. *Maquereaux panés aux flocons d'avoine :* dans la tradition culinaire écossaise, les maquereaux cuisent dans une robe de flocons d'avoine. *Truites arc-en-ciel panées aux amandes :* de tendres filets de truite sont roulés dans les amandes hachées avant d'être frits à la poêle. *Truites grillées glacées à l'orange et à la moutarde :* les poissons entiers, les oignons et les champignons, enduits d'un glaçage à l'orange et à la moutarde, et simplement grillés, deviennent très croustillants. *Steaks de cabillaud au beurre maître-d'hôtel :* ce célèbre beurre aromatisé de persil, d'échalotes hachées et de jus de citron parfume des grillades de poisson. *Carrelet bonne femme :* pour ce classique parmi les classiques, des filets de carrelet pochent dans un court-bouillon aromatisé au vin blanc et s'accompagnent d'une sauce aux champignons et à la crème. *Filets de carrelet aux champignons et aux tomates :* la sauce aux champignons se colore et se parfume de tomate.

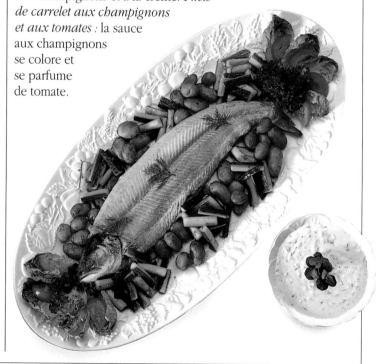

ÉQUIPEMENT

S'il existe une infinie variété de poissons, les ustensiles dont vous aurez besoin pour préparer ces recettes sont peu nombreux. Un couteau à filets, à la lame fine et souple, est indispensable pour lever des filets, parer le poisson ou encore le détailler en morceaux ou en tranches fines. Un couteau chef et des ciseaux de cuisine vous seront également nécessaires pour le couper et l'apprêter, et débiter les arêtes pour préparer un court-bouillon. Veillez à ce que les couteaux soient toujours bien aiguisés. Des pinces métalliques et une spatule à poisson vous aideront à retourner les morceaux et les filets dans une poêle ou à les sortir d'une casserole. Vous aurez aussi besoin de divers plats pour les recettes au four; quant au Saumon poché, il cuit dans un grand plat à rôtir. Une poissonnière est bien sûr un ustensile idéal, mais un large plat profond allant sur le feu conviendra parfaitement. Il vous faudra encore une cocotte en fonte ou une grande casserole pour les ragoûts et les marmites, et des poêles pour les plats frits ou sautés. Vous pouvez choisir

d'utiliser, pour les petits poissons comme la truite, des poêles ovales spéciales, assez jolies pour être présentées à table, mais une grande poêle vous suffira. Lorsqu'une recette réclame un matériel particulier, il est toujours remplaçable. Ainsi, une grande casserole équipée d'un panier et d'un couvercle peut très bien jouer le rôle de la couscoussière.

INGRÉDIENTS

Un poisson frais est toujours délicieux nature, mais certains ingrédients peuvent rehausser sa saveur. Le citron, son associé le plus classique, met en valeur son goût, qu'il soit frit, cuit à la vapeur ou au four. D'autres agrumes, comme l'orange et le citron vert, donnent aussi d'excellents résultats grâce à leur acidité. De nombreuses herbes aromatiques savent l'agrémenter, qu'elles constituent la base d'une sauce ou qu'elles parsèment le plat avant ou après la cuisson. L'oignon, l'ail et l'échalote sont indispensables dans plusieurs préparations, tandis que les aromates piquants, tels que le piment, le gingembre et les câpres, apportent leur arôme très particulier. Les épices comme le piment de Cayenne, le cumin, la coriandre, les clous de girofle, le safran et le piment en poudre sont plus surprenants, mais ils entrent dans la composition de diverses recettes. Pour enrober un poisson avant de le frire, vous vous servirez bien sûr de la traditionnelle farine, des œufs battus et de la chapelure; mais les flocons d'avoine et les amandes effilées offrent une possibilité plus savoureuse. La bière est

indispensable dans la pâte à beignet, et le vin blanc est un des ingrédients de plusieurs sauces et de liquides de cuisson.

Les fruits de mer sont les partenaires naturels du poisson. Les crevettes et les noix de Saint-Jacques sont présentes dans les Lasagnes de la mer, les crevettes s'associent à l'églefin dans le Parmentier du pêcheur, et les huîtres authentifient la Bouillabaisse créole. Les moules apportent du piquant au poisson dans la Marmite de cabillaud et de moules Nouvelle-Angleterre. Les légumes jouent aussi un rôle important. Les tomates, grâce à leur couleur et à leur légère acidité, sont parfaites pour les sauces et les salades. Le fenouil se marie très bien à l'espadon, et le cresson au saumon poché froid. Les épinards farcissent les Turbans de plie et, en salade, agrémentent les Brochettes de thon au bacon, tandis que les champignons sont indispensables dans le traditionnel Carrelet bonne femme.

TECHNIQUES

Un grand nombre de techniques sont illustrées tout au long de ces recettes. Vous apprendrez, ce qui vous sera très utile, à préparer un poisson entier — l'écailler, le vider par les ouïes, en lever les filets, le peler et le parer. Vous verrez aussi comment faire de fines tranches, couper des morceaux pour un ragoût ou une soupe, ou réduire des filets en purée pour confectionner une mousse. La préparation d'un court-bouillon vous est également clairement expliquée.

Ces recettes utilisent des techniques de cuisson variées : le court-bouillon, la grillade, la friture à la poêle, la vapeur. Vous saurez bientôt réussir des papillotes, et constaterez qu'une terrine apparemment compliquée est en réalité très facile à réussir grâce aux explications étape par étape. La maîtrise du temps de cuisson du poisson est indispensable, car peu d'aliments risquent autant que lui d'être trop cuits. Chaque recette vous donne en détail la marche à suivre. Pocher, griller, cuire à la vapeur, sauter, frire ou cuire au four… toutes ces techniques n'auront plus de secrets pour vous.

Écaillez le poisson avec le dos du couteau à filets

STEAKS DE THON GRILLÉS ET SALSA

🍽 POUR 4 PERSONNES   🥣 PRÉPARATION : DE 25 À 30 MIN*   ♨ CUISSON : DE 5 À 7 MIN

ÉQUIPEMENT

plat non métallique

casseroles

presse-agrumes   bols

grande cuiller en métal

pinceau à pâtisserie

cuiller percée

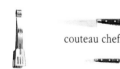
couteau chef

couteau d'office

pinces métalliques

planche à découper

papier absorbant

Les poissons gras sont excellents grillés, bien saisis à l'extérieur et moelleux à l'intérieur. L'acidité d'une marinade à base de jus de citron compense ici la richesse du thon. Une garniture fraîche et croquante, faite de tomates, de maïs, de poivron rouge et d'oignon, apporte la touche finale.

SAVOIR S'ORGANISER

Vous pouvez préparer la salsa la veille et la conserver au réfrigérateur. Grillez le poisson au dernier moment.

* plus 1 à 2 h de marinage

INGRÉDIENTS

steaks de thon**

épis de maïs

poivron rouge

citron

huile végétale

tomates

citrons verts

oignon   thym frais

coriandre fraîche

** ou lotte, ou espadon, ou veau de mer

métrique	LE MARCHÉ	impérial
4	steaks de thon, de 250 g (9 oz) environ chacun	4
	sel et poivre	
4	tomates	4
2	épis de maïs, ou 200 g (7 oz) de maïs en boîte	2
1	poivron rouge moyen	1
1	oignon moyen	1
1	bouquet de coriandre fraîche	1
2	citrons verts	2
60 ml	huile végétale pour la grille	1/4 tasse
	Pour la marinade	
2-3	branches de thym frais	2-3
30 ml	huile végétale	2 cuil. à soupe
1/2	citron	1/2

DÉROULEMENT

1 FAIRE MARINER LE THON

2 PRÉPARER LA GARNITURE

3 GRILLER LE THON

1 FAIRE MARINER LE THON

1 Au-dessus du plat, détachez de leur tige les feuilles de thym. Ajoutez l'huile.

2 Pressez le demi-citron et versez son jus dans le plat.

Salez et poivrez les steaks de tous les côtés

3 Passez les steaks de thon sous un filet d'eau froide. Séchez-les dans du papier absorbant en les tapotant. Salez et poivrez. Mettez-les dans le plat et retournez-les plusieurs fois pour bien les enrober de marinade. Couvrez et mettez pour 1 à 2 h au réfrigérateur, en changeant de temps en temps de face. Pendant ce temps, préparez la salsa.

2 PRÉPARER LA GARNITURE

1 Ôtez le pédoncule des tomates, retournez-les et entaillez-les en croix. Mettez-les dans une casserole remplie d'eau bouillante : la peau se décolle en frisant au niveau de la croix. Sortez-les et plongez-les aussitôt dans un bol d'eau fraîche. Lorsqu'elles ont refroidi, pelez-les. Coupez-les en deux et épépinez-les. Concassez-les grossièrement.

La peau éclate sous l'effet de la chaleur et s'enlève ensuite plus facilement

L'incision aide la peau à se décoller

2 Épluchez les épis de maïs : tirez la gaine jusqu'à la base et écartez les feuilles pour ôter les barbes. Remplissez d'eau une grande casserole et portez à ébullition. Mettez-y les épis et cuisez de 5 à 7 min, jusqu'à ce qu'ils soient tendres.

3 Assurez-vous que le maïs est cuit en sortant un épi à l'aide des pinces. Les grains doivent se détacher facilement sous la pointe d'un couteau d'office.

HACHER UN OIGNON

La taille des dés que vous obtiendrez dépendra de celle des tranches.
Généralement, vous leur donnerez une épaisseur de 5 mm.
Si vous voulez des dés plus petits, faites-les plus fines.

1 Épluchez l'oignon, sans ôter sa base.

2 Coupez-le en deux.

3 Posez les moitiés à plat sur la planche à découper. À l'aide d'un couteau chef, tranchez-les horizontalement en partant du sommet, sans entailler la base.

4 Émincez-les ensuite verticalement, toujours sans entailler la base.

ANNE VOUS DIT
«Quand vous émincez, guidez la lame du couteau sur la dernière phalange de vos doigts.»

5 Hachez l'oignon en dés plus ou moins petits.

Émincez régulièrement pour obtenir des dés bien nets

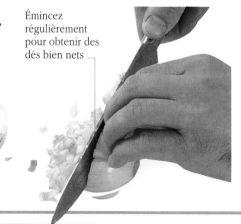

4 Égouttez les épis de maïs et laissez-les refroidir, puis égrenez-les. Si vous utilisez du maïs en boîte, égouttez-le.

Le maïs apportera à la garniture sa couleur et son goût sucré

Le maïs bouilli s'égrene facilement

5 Ôtez le pédoncule et les graines du poivron et coupez-le en dés (voir encadré p. 14). Épluchez et hachez l'oignon (voir encadré p. 12).

Le jus de citron vert apporte une touche mexicaine

Les ingrédients de la salsa sont très colorés

6 Détachez de leur tige les feuilles de coriandre. Réservez-en quelques-unes pour la décoration. Regroupez les autres sur la planche à découper. Hachez-les finement en basculant la lame du couteau chef d'avant en arrière.

7 Mettez dans un bol les tomates concassées, le maïs, la coriandre, l'oignon et le poivron. Pressez l'un des citrons verts et versez son jus. Mélangez tous les ingrédients, puis laissez reposer 1 h pour que les parfums se mêlent.

ÔTER LE PÉDONCULE D'UN POIVRON, L'ÉPÉPINER ET LE COUPER EN LANIÈRES

Il faut toujours enlever le pédoncule et les graines d'un poivron.

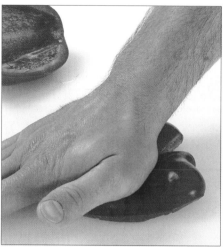

1 Passez un couteau d'office tout autour du pédoncule et ôtez-le. Ouvrez le poivron en deux dans le sens de la longueur et grattez les graines et les membranes blanches qui se trouvent à l'intérieur.

2 Posez les moitiés de poivron sur le plan de travail, peau vers l'extérieur, et aplatissez-les sous le talon de votre main.

3 À l'aide d'un couteau chef, détaillez chaque moitié de poivron en lanières dans le sens de la longueur, puis coupez-les éventuellement en dés.

3 GRILLER LE THON

Le pinceau répartit bien la marinade

ANNE VOUS DIT

«Vous pouvez aussi griller le thon au barbecue : comptez le même temps de cuisson.»

1 Préchauffez le gril. À l'aide du pinceau à pâtisserie, huilez la grille, placée sur une plaque. Posez-y les tranches de thon et enduisez-les de marinade. Enfournez pour 3 à 4 min à 8 cm environ sous la source de chaleur.

La marinade parfume le poisson

2 Retournez les steaks de thon à l'aide des pinces.

3 Badigeonnez du reste de marinade et enfournez de nouveau pour 2 à 3 min. Assurez-vous que les steaks sont cuits en enfonçant un couteau au centre pour regarder la chair : il doit rester une petite zone translucide.

ANNE VOUS DIT

«Le barbecue vous permettra de dessiner des croisillons sur les steaks. Grillez-les de 1 à 2 min, jusqu'à ce que les marques soient visibles, puis faites-leur faire un huitième de tour et poursuivez la cuisson.»

4 Pendant ce temps, détaillez avec le couteau chef le second citron vert en rondelles très fines.

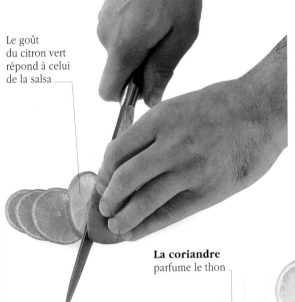

Le goût du citron vert répond à celui de la salsa

POUR SERVIR

Disposez les steaks de thon sur un lit de salsa et décorez avec les brins de coriandre et les rondelles de citron vert.

La coriandre
parfume le thon

La salsa
apporte de la fraîcheur

V A R I A N T E

ESPADON GRILLÉ AU FENOUIL ET AUX TOMATES SÉCHÉES

Ici, l'espadon remplace le thon et s'accompagne d'un mélange piquant de fenouil et de tomates séchées, aromatisé avec du pastis.

1 Rincez et séchez 4 tranches d'espadon de 250 g environ chacune, puis faites-les mariner en suivant la recette principale.

2 Lavez et épluchez 3 bulbes de fenouil. Coupez-les en deux, puis en tranches.

3 Dans une casserole, chauffez 60 g de beurre. Ajoutez le fenouil, salez légèrement et poivrez. Posez au-dessus une feuille d'aluminium ménager beurrée et appuyez bien. Couvrez et laissez mijoter de 40 à 45 min, en remuant de temps en temps.

4 Égouttez de leur huile 60 g de tomates séchées et hachez-les grossièrement. Incorporez-les au fenouil avec 1 ou 2 cuil. à soupe de pastis. Poursuivez la cuisson 10 min environ, puis rectifiez l'assaisonnement.

5 Grillez les steaks d'espadon en suivant la recette principale, et servez sur des assiettes chaudes, avec la compote de fenouil et de tomates séchées.

SAUMON À L'UNILATÉRAL ET PURÉE DE CORIANDRE

🍽 POUR 4 PERSONNES   ⌣ PRÉPARATION : DE 5 À 10 MIN   ♨ CUISSON : DE 10 À 15 MIN

ÉQUIPEMENT

robot ménager

spatule en caoutchouc

pinceau
à pâtisserie

pince
à épiler

couteau chef

couteau à filets

palette

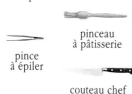

bols

papier absorbant

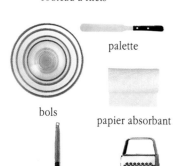

grande poêle,
de préférence en fonte

râpe
à fromage

planche à découper

*Cette recette est devenue très à la mode :
les filets grillent à feu vif côté peau et la chair
reste rose. Ce mode de cuisson convient
particulièrement aux poissons mi-gras comme
le saumon ou le bar. La purée de coriandre
fraîche accompagne à merveille ce plat.*

SAVOIR S'ORGANISER

Vous pouvez préparer la purée 48 h à l'avance
et la conserver au frais, ou même la congeler.
Grillez le poisson au dernier moment.

INGRÉDIENTS

filets de saumon*

parmesan   coriandre fraîche

pignons

huile
d'olive

huile
végétale

gousses
d'ail

citron   gros sel marin

* ou bar ou maquereau
ou truite saumonée

métrique	LE MARCHÉ	impérial
4	filets de saumon frais, avec la peau, de 175 g (6 oz) environ chacun	4
45 ml	huile végétale	3 cuil. à soupe
1	citron	1
10 ml	gros sel marin	2 cuil. à thé
	feuilles de coriandre	
	Pour la purée	
1	gros bouquet de coriandre fraîche	1
2-3	gousses d'ail	2-3
30 ml	pignons	2 cuil. à soupe
90 ml	huile d'olive	3/8 tasse
30 g	parmesan râpé	1 oz
	sel et poivre	

DÉROULEMENT

1 PRÉPARER
LA PURÉE
DE CORIANDRE

2 APPRÊTER
ET CUIRE
LE SAUMON

1 PRÉPARER LA PURÉE DE CORIANDRE FRAÎCHE

1 Gardez 4 brins de coriandre pour la décoration et détachez les feuilles des autres. Mettez-les dans le robot avec l'ail épluché, les pignons et 2 cuil. à soupe d'huile d'olive.

2 Ajoutez le parmesan râpé. Faites tourner l'appareil et versez le reste d'huile en un mince filet dans le cylindre.

N'utilisez que les feuilles de coriandre, pas les tiges

3 Continuez jusqu'à ce que la purée s'émulsionne et épaississe. Salez et poivrez.

2 APPRÊTER ET CUIRE LE SAUMON

1 Avec la pince à épiler, retirez toutes les arêtes visibles.

2 Enlevez toutes les parties grasses ou dures des filets de saumon.

17

Essuyez bien
le saumon avant
la cuisson

3 Passez le poisson
sous un filet d'eau froide.
Séchez-le dans du papier
absorbant en tapotant
bien.

Posez le poisson
côté peau sur le
papier absorbant

4 Mettez les filets sur un plat et enduisez
leur peau d'un peu d'huile végétale.

5 Chauffez le reste d'huile dans la poêle.
Mettez-y les filets de saumon, côté peau
en dessous.

Le saumon rose
contraste par sa
saveur et sa couleur
avec la purée de
coriandre verte

¡O¡ POUR SERVIR
Disposez les filets de saumon sur
des assiettes chaudes, saupoudrez-les
de gros sel, et accompagnez
d'un peu de purée. Décorez
des rondelles de citron
et des feuilles
de coriandre.

6 Cuisez d'un seul côté à feu modéré,
de 10 à 15 min selon l'épaisseur des
filets, jusqu'à ce que la peau soit bien
croustillante et les côtés opaques; la chair
doit rester tendre et rosée. Pendant
la cuisson, coupez le citron en fines
rondelles.

ANNE VOUS DIT
*«Si vous préférez le saumon bien
cuit, couvrez la poêle et attendez
1 ou 2 min.»*

VARIANTE
SAUMON À L'UNILATÉRAL ET SABAYON D'AIL

*Le sabayon se prépare comme une sauce hollandaise
et se parfume avec de l'ail et du vin blanc.*

1 Épluchez et hachez 2 échalotes (voir encadré ci-dessous). Pelez et hachez 4 gousses d'ail. Chauffez 15 g de beurre dans une casserole, mettez-y les échalotes et l'ail, et faites-les fondre de 3 à 5 min.

2 Incorporez 1 cuil. à soupe de crème épaisse et portez à ébullition. Ajoutez 5 cl de vin blanc et autant de vermouth doux. Faites réduire rapidement et retirez du feu.

3 Chauffez 125 g de beurre.

4 Mettez 2 jaunes d'œufs et 3 cuil. à soupe d'eau dans un bol résistant à la chaleur; fouettez. Posez sur une casserole d'eau chaude. Fouettez encore 5 min; le mélange doit faire le ruban.

5 Sortez le bol de la casserole; versez le beurre sur le mélange en un mince filet continu, sans cesser de remuer, en laissant les dépôts blanchâtres au fond. Ajoutez en fouettant à la réduction de vin blanc. Salez, poivrez et relevez d'un peu de jus de citron. Réservez au-dessus d'une casserole d'eau chaude.

6 Cuisez les filets de saumon; posez-les sur des assiettes résistant à la chaleur et préchauffez le gril.

7 Nappez les filets de sabayon à l'ail. Enfournez pour 1 à 2 min à 10 cm environ sous la source de chaleur, jusqu'à ce que le sabayon soit doré. Servez aussitôt.

HACHER UNE ÉCHALOTE

*Pour obtenir des dés moyens, coupez des tranches d'environ 3 mm.
Si vous les voulez plus petits, faites-les aussi fines que possible.*

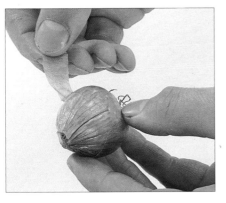

1 Enlevez la peau sèche de l'échalote avec les doigts, la peau plus tendre avec un couteau d'office.

2 Posez les moitiés sur une planche à découper. En les tenant avec les doigts, tranchez-les horizontalement, sans entailler leur base.

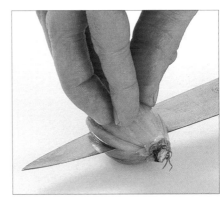

3 Émincez-les ensuite verticalement, toujours sans entailler la base.

Un couteau chef bien aiguisé est indispensable

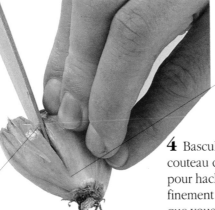

La base évite à l'échalote de se défaire

4 Basculez la lame du couteau d'avant en arrière pour hacher plus ou moins finement selon la recette que vous préparez.

RAGOÛT DE POISSON AUX ÉPICES

🍽 POUR 6 PERSONNES 🥣 PRÉPARATION : DE 30 À 35 MIN 🍲 CUISSON : DE 30 À 35 MIN

ÉQUIPEMENT

cocotte en fonte
avec couvercle

mousseline*

papier absorbant

casseroles, dont 1 avec couvercle

cuiller en bois

couteau
d'office

cuiller percée

couteau à filets

bols

couteau chef

couteau éplucheur

vide-pomme
passoire en toile métallique

planche à découper

* ou torchon

*Ce ragoût savoureux, aux parfums de pomme,
de noix de coco et d'épices, peut être
accompagné de crêpes indiennes et de riz créole.*

métrique	LE MARCHÉ	impérial
1 kg	filets de lotte, sans la peau	2.2 lb
6	tomates, soit 1 kg (2.2 lb) environ	6
2	carottes	2
2	branches de céleri	2
6	gousses d'ail	6
2	oignons moyens	2
60 ml	huile végétale	1/4 tasse
30 ml	paprika	2 cuil. à soupe
300 ml	court-bouillon de poisson (voir encadré p. 124)	1 1/4 tasse
4	feuilles de laurier	4
	sel et poivre	
	Pour la sauce	
300 ml	court-bouillon de poisson	1 1/4 tasse
150 g	noix de coco en poudre	5 oz
1	oignon moyen	1
1	pomme	1
30 g	beurre	1 oz
5 ml	cumin en poudre	1 cuil. à thé
5 ml	coriandre en poudre	1 cuil. à thé
2,5 ml	gingembre en poudre	1/2 cuil. à thé
2,5 ml	clous de girofle écrasés	1/2 cuil. à thé
1,25 ml	piment de Cayenne	1/4 cuil. à thé
25 ml	fécule de maïs	1 1/2 cuil. à soupe

INGRÉDIENTS

feuilles de laurier
filets de lotte**

pomme

oignons

clous
de girofle cumin
en poudre

huile
végétale
gousses d'ail

noix de coco
séchée

beurre

tomates

court-bouillon
de poisson

céleri

carottes

coriandre
en poudre

paprika

piment
de Cayenne

fécule
de maïs

gingembre
en poudre

** ou mulet ou roussette

DÉROULEMENT

1 PRÉPARER
LA SAUCE

2 PRÉPARER
LA LOTTE
ET LES LÉGUMES

3 CUIRE
LE RAGOÛT

1 PRÉPARER LA SAUCE AUX ÉPICES

1 Dans une casserole moyenne, portez à ébullition le court-bouillon de poisson. Ajoutez la noix de coco en poudre.

2 Mélangez, puis couvrez et laissez tremper la noix de coco 20 min.

ANNE VOUS DIT
«La noix de coco va parfumer le court-bouillon, le transformant en lait de coco.»

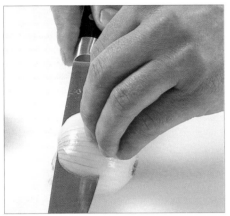

Posez les moitiés d'oignon sur la planche à découper pour les hacher

Guidez la lame du couteau sur la dernière phalange de vos doigts

3 Pelez l'oignon, sans ôter sa base, et coupez-le en deux verticalement. Tranchez les moitiés horizontalement, sans entailler la base.

4 Émincez-les verticalement, toujours sans entailler la base, puis coupez-les en dés.

Mettez la noix de coco dans la passoire doublée de mousseline

5 Tapissez de mousseline la passoire, posée sur un bol. Avec la cuiller en bois, versez-y la noix de coco et le liquide.

6 Rassemblez les extrémités de la mousseline et pressez bien pour extraire tout le lait. Jetez la noix de coco et essuyez la casserole.

7 Pelez la pomme et ôtez-en le cœur avec un vide-pomme. Coupez-la en deux. Détaillez les moitiés horizontalement en tranches de 1 cm, puis émincez-les et coupez-les en dés.

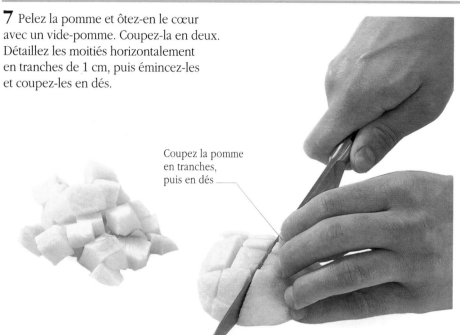

Coupez la pomme en tranches, puis en dés

8 Chauffez le beurre dans une casserole. Ajoutez l'oignon et la pomme et laissez-les fondre sans se colorer de 3 à 5 min.

9 Ajoutez le cumin, la coriandre, le gingembre, les clous de girofle et le piment de Cayenne. Laissez mijoter de 2 à 3 min en remuant.

10 Mettez la fécule de maïs dans un bol. Arrosez-la de 2 ou 3 cuil. à soupe de lait de coco et mélangez pour obtenir une pâte homogène. Versez le reste du lait dans la casserole et portez à ébullition.

La fécule de maïs et le lait de coco lieront le ragoût

Remuez sans cesse quand vous ajoutez la fécule

11 Incorporez la fécule : la sauce épaissit aussitôt. Retirez du feu et rectifiez l'assaisonnement. Réservez.

ANNE VOUS DIT
«Si la fécule forme des grumeaux, fouettez vigoureusement.»

22

2 PRÉPARER LA LOTTE ET LES LÉGUMES

1 À l'aide du couteau à filets, ôtez la membrane translucide de la lotte. Rincez-la sous un filet d'eau froide et séchez-la dans du papier absorbant.

Enlevez bien toute la peau de la lotte, car elle se rétracte à la cuisson

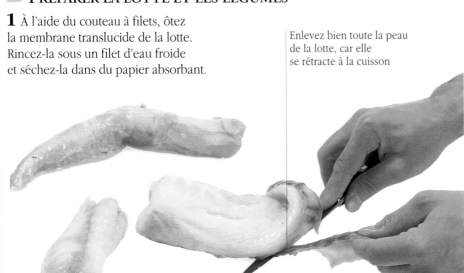

2 Détaillez les filets en bandes de 2,5 cm d'épaisseur, puis en dés. Réservez pendant que vous préparez les légumes.

3 Ôtez le pédoncule des tomates. Retournez-les et entaillez-les en croix. Mettez-les dans une casserole d'eau bouillante de 8 à 15 s : la peau se décolle en frisant au niveau de la croix. À l'aide de la cuiller percée, plongez-les dans l'eau fraîche. Quand elles ont refroidi, pelez-les. Coupez-les en deux et épépinez-les, puis concassez-les grossièrement.

4 Épluchez les carottes et coupez-en les extrémités. Émincez-les finement.

5 Ôtez les fils des branches de céleri, puis détaillez-le en tranches fines.

Glissez le couteau éplucheur le long du céleri pour en enlever les fils

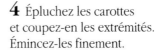

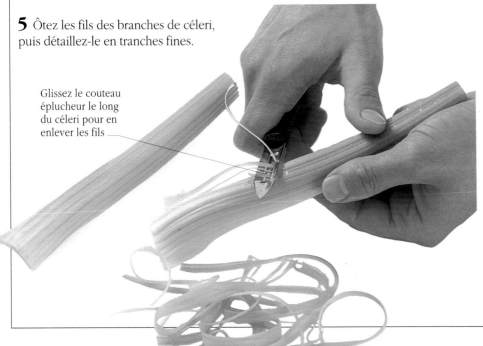

6 Posez le plat du couteau chef sur chaque gousse d'ail et appuyez avec le poing. Pelez-les et hachez-les finement. Épluchez les oignons sans ôter leur base, coupez-les en deux dans le sens de la longueur et émincez-les finement.

3 CUIRE LE RAGOÛT DE POISSON

1 Chauffez l'huile dans la cocotte. Ajoutez les oignons et laissez-les fondre sans se colorer de 3 à 5 min.

Une cuiller en métal ne s'imprégnera pas de l'arôme des épices

Le paprika colore les oignons

2 Saupoudrez de paprika et cuisez 1 min, en remuant pour bien en enrober les oignons.

Les rondelles de carotte vont conserver leur forme et leur couleur

3 Ajoutez le court-bouillon, les tomates concassées, l'ail, le laurier, le céleri et les carottes; salez et poivrez légèrement. Portez à ébullition.

4 Réduisez le feu et laissez mijoter de 15 à 20 min : le liquide doit réduire de 1/3.

5 Versez la sauce aux épices et mélangez bien. Portez à ébullition.

6 Ajoutez la lotte. Couvrez et laissez mijoter de 12 à 15 min, en remuant de temps en temps, jusqu'à ce que le poisson s'émiette facilement. Retirez le laurier et rectifiez l'assaisonnement.

🍽 POUR SERVIR

Servez le ragoût de lotte dans des assiettes creuses chaudes.

VARIANTE
RAGOÛT DE POISSON AUX POMMES DE TERRE

1 Préparez la sauce aux épices en suivant la recette principale, mais sans la pomme.
2 Préparez les légumes, mais n'utilisez ni les carottes, ni le céleri.
3 Épluchez 2 pommes de terre moyennes et coupez-les en gros morceaux.
4 Remplacez la lotte par le même poids de filets d'églefin.
5 Cuisez le ragoût, en incorporant 175 g de petits pois frais ou surgelés en même temps que les tomates. Continuez en suivant la recette principale. Ajoutez le poisson et laissez mijoter de 12 à 15 min.
6 Servez dans des assiettes creuses chaudes, et parsemez de cacahuètes nature grossièrement hachées.

Les poppadums, crêpes indiennes croustillantes, apportent une touche finale

VARIANTE
RAGOÛT DE POISSON AUX POIVRONS

1 Préparez la sauce aux épices en suivant la recette principale, mais sans la pomme.
2 Préparez les légumes, mais n'utilisez ni les carottes, ni le céleri.
3 Ôtez le pédoncule d'un poivron rouge, d'un jaune et d'un vert, coupez-les en deux et épépinez-les. Retirez les membranes blanches. Posez les moitiés sur une planche à découper, côté peau vers l'extérieur, et aplatissez-les sous le talon de votre main. Coupez-les en lanières dans le sens de la longueur.
4 Remplacez la lotte par des filets d'églefin.
5 Cuisez le ragoût en suivant la recette principale, en incorporant les poivrons en même temps que les tomates. Ajoutez le poisson et laissez mijoter de 12 à 15 min.
6 Hachez quelques brins de ciboulette et parsemez-en le plat avant de servir.

Le ragoût de lotte aux épices est délicieusement exotique

SAVOIR S'ORGANISER

Vous pouvez préparer le ragoût de poisson 24 h à l'avance et le conserver au réfrigérateur. Réchauffez-le dans le haut du four au dernier moment.

FLÉTAN À L'ORIENTALE EN PAPILLOTES

 POUR 4 PERSONNES   PRÉPARATION : DE 15 À 20 MIN   CUISSON : DE 10 À 12 MIN

ÉQUIPEMENT

papier sulfurisé

crayon

papier absorbant

pinceau à pâtisserie

couteau chef

couteau d'office

bols

passoire en toile métallique

ciseaux de cuisine

passoire

plaque à pâtisserie

casserole

planche à découper

ANNE VOUS DIT

« Vous pouvez remplacer le papier sulfurisé par de l'aluminium ménager, mais les papillotes ne gonfleront ni ne doreront. »

Cette recette allie nouvelle cuisine et cuisine chinoise. Le poisson est cuit en papillotes avec des haricots noirs et de la sauce soja. Chacun aura ainsi le plaisir de la découverte. Accompagnez ce plat de vermicelles de riz et de légumes frits.

SAVOIR S'ORGANISER

Vous pouvez préparer les papillotes 4 h à l'avance et les conserver au frais. Cuisez-les au dernier moment.

métrique	LE MARCHÉ	impérial
125 g	pois gourmands mange-tout	4.5 oz
1	morceau de racine de gingembre fraîche de 2,5 cm	1
4	gousses d'ail	4
4	oignons nouveaux	4
30 g	haricots noirs chinois fermentés	1 oz
45 ml	sauce soja claire	3 cuil. à soupe
30 ml	xérès	2 cuil. à soupe
2,5 ml	sucre cristallisé	1/2 cuil. à thé
15 ml	huile de sésame	1 cuil. à soupe
30 ml	huile végétale	2 cuil. à soupe
4	filets ou tranches de flétan de 175 g (6 oz) environ chacun, sans la peau	4
Pour le glaçage		
1	œuf	1
2,5 ml	sel	1/2 cuil. à thé

INGRÉDIENTS

filets de flétan**

haricots noirs chinois fermentés

oignons nouveaux

huile de sésame

sucre cristallisé

œuf

racine de gingembre fraîche

sauce soja claire

pois gourmands mange-tout

huile végétale

xérès ou madère

gousses d'ail

** ou cabillaud ou saint-pierre

DÉROULEMENT

1 PRÉPARER LES LÉGUMES ET L'ASSAISONNEMENT ORIENTAL

2 PRÉPARER LES PAPILLOTES

3 GARNIR ET CUIRE LES PAPILLOTES

1 PRÉPARER LES LÉGUMES ET L'ASSAISONNEMENT ORIENTAL

1 Coupez l'une des queues des mange-tout et tirez le fil. Coupez l'autre queue et tirez le fil de l'autre côté.

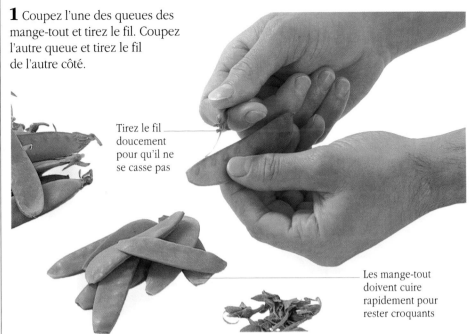

Tirez le fil doucement pour qu'il ne se casse pas

Les mange-tout doivent cuire rapidement pour rester croquants

2 Remplissez à moitié la casserole d'eau salée et portez à ébullition. Ajoutez les mange-tout et laissez frémir de 1 à 2 min. Égouttez-les dans la passoire, rincez-les sous l'eau froide, égouttez de nouveau.

3 Avec le couteau d'office, épluchez la racine de gingembre. À l'aide du couteau chef, émincez-le en coupant à travers les fibres. Écrasez les tranches avec le plat du couteau, puis hachez-les finement.

4 Épluchez l'ail : posez le plat du couteau chef au-dessus de chaque gousse et appuyez avec le poing. Pelez-les avec les doigts et hachez-les finement.

5 Épluchez les oignons nouveaux. Émincez-les en biais, en gardant une partie du vert.

6 Mettez les haricots noirs fermentés dans la passoire, rincez-les sous l'eau froide, et égouttez-les soigneusement. Réservez-en 1/4 et hachez grossièrement le reste.

L'huile de sésame est un ingrédient essentiel de la cuisine orientale

7 Dans un saladier, mettez l'ail, le gingembre, les haricots noirs entiers et hachés, la sauce soja, le xérès ou le madère, le sucre et l'huile de sésame. Mélangez bien.

2 Préparer les papillotes

1 Pliez en deux une feuille de papier sulfurisé (d'environ 30 x 35 cm) et dessinez avec le crayon un demi-cœur. Cette forme doit être assez grande pour qu'il reste une bande de 9 cm autour du poisson.

2 Découpez le cœur avec les ciseaux. Procédez de la même façon pour les 3 autres. Ouvrez-les et enduisez-les d'huile végétale à l'aide du pinceau à pâtisserie, en laissant une bordure de 3 cm.

3 Pour sceller les papillotes, battez à la fourchette l'œuf et la pincée de sel. Badigeonnez régulièrement le bord de chaque cœur de papier.

3 Garnir et cuire les papillotes

  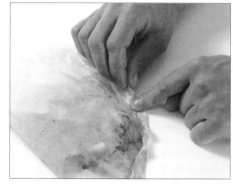

Cuits en papillotes, les oignons nouveaux resteront croquants

1 Préchauffez le four à 200 °C. Rincez les filets de poisson sous l'eau froide et séchez-les dans du papier absorbant. Mettez 1/4 des mange-tout sur un côté de chaque papillote, puis posez un filet de poisson.

2 À l'aide d'une cuiller, étalez un quart de l'assaisonnement sur chaque filet; parsemez avec 1/4 des oignons.

3 Repliez le papier sur le poisson. Scellez la papillote en pressant fermement entre vos doigts les bords enduits d'œuf battu. Ourlez-les en les repliant sur eux-mêmes.

4 Tortillez les extrémités de chaque papillote pour la fermer afin que la préparation ne s'échappe pas.

La vapeur
fait gonfler
les papillotes

5 Disposez
les papillotes sur
la plaque à pâtisserie.
Enfournez pour
10 à 12 min, jusqu'à
ce qu'elles soient dorées
et bien gonflées.

🍴 POUR SERVIR

Disposez les papillotes sur
des assiettes chaudes. Si jamais
elles refroidissaient et se dégonflaient,
passez-les au four quelques instants
pour leur redonner du volume.

Les papillotes
enferment des
parfums subtils

FLÉTAN À LA THAÏ
EN PAPILLOTES

1 Ne préparez ni les pois gourmands
mange-tout, ni l'assaisonnement oriental.
2 Mettez 20 g de champignons noirs
séchés dans un bol d'eau chaude
et laissez gonfler 30 min environ.
Égouttez-les et coupez les plus grands.
3 Hachez le gingembre frais et 2 gousses
d'ail. Émincez 2 oignons nouveaux.
4 Coupez en deux un piment vert
et ôtez son pédoncule. Grattez les graines
et les membranes. Détaillez les moitiés
en lanières très fines, puis en petits dés.
5 Détachez les feuilles de 5 brins
de basilic. Épluchez un citron vert
et coupez-le en fines rondelles.
Pressez-en un second.
6 Dans une petite casserole, mettez
les champignons, l'ail haché, 1 cuil.
à soupe de sauce soja, 1 cuil. à café de
sucre et 15 cl d'eau. Portez à ébullition
et maintenez-la de 5 à 7 min, jusqu'à
ce que tout le liquide se soit
évaporé. Incorporez le gingembre,
le piment, le basilic, 2 cuil. à café
de sauce de poisson *(nam pla)*
et le jus de citron vert.
7 Préparez les papillotes
et le poisson. Posez le poisson sur
le papier, nappez-le d'une couche
de la préparation aux champignons
et parsemez d'oignons nouveaux.
Terminez par une rondelle de citron
vert et poivrez. Scellez les papillotes
et enfournez-les.
8 Éventuellement, accompagnez
de tagliatelles parsemées de basilic
ciselé et de dés de champignons.

BROCHETTES DE THON AU BACON

🍽 POUR 8 PERSONNES ⌣ PRÉPARATION : DE 20 À 25 MIN* ♨ CUISSON : DE 10 À 12 MIN

ÉQUIPEMENT

fouet

couteau d'office

pinceau
à pâtisserie

couteau chef

passoire

papier absorbant

8 brochettes en inox

bols

planche à découper

ANNE VOUS DIT
*«Les brochettes en bambou
sont plus jolies, mais il faut
les laisser tremper dans
l'eau 30 min au moins
pour qu'elles ne brûlent
pas à la cuisson.»*

*Des cubes de thon marinés, entourés de tranches
de bacon, alternent sur des brochettes avec
des tomates cerises, puis grillent rapidement.
Vous les servirez sur un lit d'épinards
et de mangue, pour l'exotisme.*

— SAVOIR S'ORGANISER —
Vous pouvez faire mariner le thon et préparer la salade
et la sauce 4 h à l'avance, puis conserver le tout
au réfrigérateur. Préparez et grillez les brochettes
et assaisonnez la salade au dernier moment.

* plus 30 min à 1 h de marinage

métrique	LE MARCHÉ	impérial
1 kg	thon en filets ou en tranches	2.2 lb
500 g	tomates cerises	1.1 lb
500 g	bacon ou poitrine fumée en tranches fines	1.1 lb
	huile végétale pour les brochettes et la grille	
	sel et poivre	
	Pour la marinade	
90 ml	le jus de 2 citrons verts	3/8 tasse
30 ml	huile d'olive	2 cuil. à soupe
	tabasco	
	Pour la salade	
250 g	épinards	8 oz
1	mangue bien mûre	1
	le jus de 1 citron vert	
1,25 ml	moutarde de Dijon	1/4 cuil. à thé
90 ml	huile végétale	3/8 tasse

INGRÉDIENTS

filets de thon**

bacon ou
poitrine fumée

tomates
cerises

épinards

huile végétale

moutarde
de Dijon

jus de citron vert

huile d'olive

mangue

tabasco

** ou espadon

DÉROULEMENT

1 PRÉPARER
ET FAIRE MARINER
LE THON

2 PRÉPARER
LA SALADE
ET LA SAUCE

3 PRÉPARER
ET GRILLER
LES BROCHETTES

1 PRÉPARER ET FAIRE MARINER LE THON

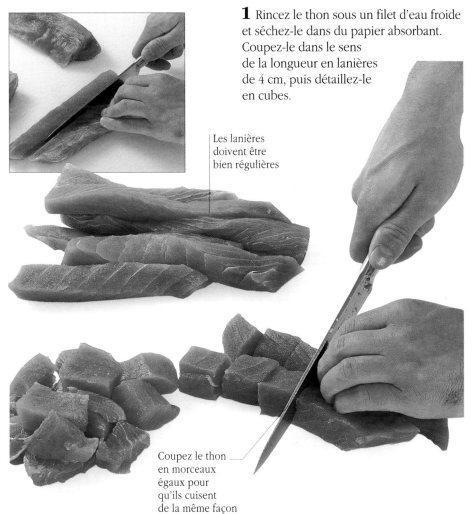

1 Rincez le thon sous un filet d'eau froide et séchez-le dans du papier absorbant. Coupez-le dans le sens de la longueur en lanières de 4 cm, puis détaillez-le en cubes.

Les lanières doivent être bien régulières

Coupez le thon en morceaux égaux pour qu'ils cuisent de la même façon

2 Préparez la marinade : dans un bol métallique, battez au fouet le jus de citron vert, l'huile d'olive, quelques gouttes de tabasco, une pincée de sel et du poivre.

3 Ajoutez les cubes de thon et remuez avec les mains pour bien les enrober de marinade. Couvrez et mettez pour 30 min à 1 h au réfrigérateur.

2 PRÉPARER LA SALADE ET LA SAUCE

1 Avec les doigts, ôtez les tiges et les côtes dures des épinards.

2 Lavez soigneusement les épinards et séchez-les bien dans un torchon.

Enlevez un maximum d'eau des épinards

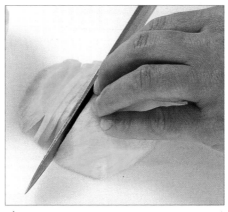

3 Épluchez la mangue avec le couteau d'office. Glissez la lame du couteau chef le long du noyau pour détacher la première partie de la chair.

4 Détaillez la demi-mangue en tranches bien nettes. Procédez de la même façon pour l'autre moitié et jetez le noyau.

5 Préparez la sauce : dans un bol, mélangez le jus de citron vert avec la moutarde, du sel et du poivre. Ajoutez l'huile en un mince filet sans cesser de fouetter. Rectifiez l'assaisonnement.

3 PRÉPARER ET GRILLER LES BROCHETTES; ASSAISONNER LA SALADE

1 Mettez les tomates cerises dans la passoire et lavez-les sous l'eau froide. Égouttez-les et séchez-les sur du papier absorbant.

Séchez bien les tomates avant de les griller

2 Coupez les tranches de bacon ou de poitrine fumée en deux, pour obtenir des morceaux d'environ 4 cm de long. Préchauffez le gril. Huilez les brochettes et la grille à l'aide du pinceau.

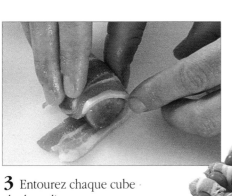

3 Entourez chaque cube de thon d'un morceau de poitrine fumée. Enfilez-les sur les brochettes en faisant alterner poisson et tomates cerises.

La poitrine fumée garde au thon son moelleux

ATTENTION !

Ne serrez pas trop les ingrédients sur les brochettes, car ils ne cuiraient pas uniformément.

4 Placez 4 brochettes sur la grille posée sur la plaque à pâtisserie, et enfournez pour 5 à 6 min, à environ 8 cm sous la source de chaleur, jusqu'à ce que le bacon soit croustillant et doré. Retournez-les et poursuivez la cuisson 5 à 6 min encore.

BROCHETTES DE LOTTE AU BACON

Les cubes de lotte alternent ici avec des oignons rouges.

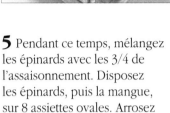

5 Pendant ce temps, mélangez les épinards avec les 3/4 de l'assaisonnement. Disposez les épinards, puis la mangue, sur 8 assiettes ovales. Arrosez avec le reste de sauce.

Les tranches de mangue font une jolie décoration

🍴 POUR SERVIR

Déposez une brochette de thon en travers de chaque assiette.

Le bacon croustillant se marie très bien avec le poisson

Les épinards accompagnent parfaitement ce plat

1 Remplacez le thon par le même poids de lotte. Ôtez la membrane translucide du poisson, puis coupez-le en cubes et faites-le mariner en suivant la recette principale.

2 Préparez l'assaisonnement et les épinards, mais pas la mangue.

3 Nettoyez, épluchez et émincez finement 125 g de champignons.

4 Coupez 2 avocats en deux, ôtez leur noyau et pelez-les. Détaillez-les en lanières dans le sens de la longueur et arrosez-les de jus de citron vert.

5 Épluchez 4 petits oignons rouges, coupez-les en quartiers en gardant un petit morceau de leur base pour qu'ils ne se défassent pas.

6 Entourez les cubes de lotte de bacon et enfilez-les sur les brochettes en les alternant avec les oignons rouges. Enfournez sous le gril.

7 Pendant ce temps, mélangez les épinards avec les 3/4 de l'assaisonnement, disposez la salade sur des assiettes et parsemez de tranches de champignons et de lanières d'avocat. Arrosez avec le reste de sauce.

8 En les poussant avec les dents d'une fourchette, faites glisser les cubes de poisson et les oignons sur la salade. Servez aussitôt.

MARMITE DE CABILLAUD ET DE MOULES NLLE-ANGLETERRE

🍽 POUR 8 PERSONNES   ⊖ PRÉPARATION : DE 45 À 50 MIN   ♨ CUISSON : DE 55 MIN À 1 H

ÉQUIPEMENT

couteau d'office

couteau chef

brosse dure

grande casserole

couteau éplucheur

passoire

cuiller en bois

papier absorbant

bols

grande cocotte

planche à découper

Ce succulent ragoût associe du cabillaud, des pommes de terre et des moules dans leur coquille. En fin de cuisson, une partie des pommes de terre est écrasée pour épaissir la sauce. Les Américains accompagnent ce plat de crackers aux huîtres : préférez des croûtons.

SAVOIR S'ORGANISER
Vous pouvez préparer le ragoût, jusqu'à l'étape 7, 48 h à l'avance et le conserver, couvert, au réfrigérateur. Terminez le plat au dernier moment.

métrique	LE MARCHÉ	impérial
2	oignons moyens	2
2	branches de céleri	2
1	carotte moyenne	1
3	pommes de terre moyennes, soit 500 g (1 lb) environ	3
5-7	brins d'aneth frais	5-7
175 g	poitrine fumée en tranches fines	6 oz
1 kg	filets de cabillaud, sans la peau	2.2 lb
1 kg	moules	2.2 lb
1,5 litre	court-bouillon de poisson (voir encadré p. 124)	6 tasses
2	feuilles de laurier	2
150 ml	vin blanc	2/3 tasse
10 ml	thym séché	2 cuil. à thé
60 g	farine de blé supérieure	2 oz
250 ml	crème	1 tasse
	sel et poivre	

INGRÉDIENTS

filets de cabillaud*

moules

pommes de terre

aneth frais

oignons

céleri

feuilles de laurier

poitrine fumée en tranches

carotte   farine de blé supérieure

thym séché

crème

vin blanc

court-bouillon de poisson

*ou églefin ou colin ou merlan

DÉROULEMENT

1 APPRÊTER LES INGRÉDIENTS DU RAGOÛT

2 PRÉPARER LA MARMITE

1 PRÉPARER LES INGRÉDIENTS DU RAGOÛT

1 Épluchez les oignons, sans ôter leur base, et coupez-les en deux dans le sens de la longueur. Tranchez les moitiés horizontalement, sans entailler la base, puis émincez-les verticalement, toujours sans entailler la base. Coupez-les en dés.

Ôtez les fils du céleri à l'aide du couteau éplucheur

Le céleri croquant deviendra fondant à la cuisson

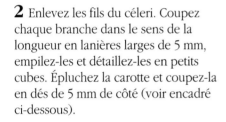

2 Enlevez les fils du céleri. Coupez chaque branche dans le sens de la longueur en lanières larges de 5 mm, empilez-les et détaillez-les en petits cubes. Épluchez la carotte et coupez-la en dés de 5 mm de côté (voir encadré ci-dessous).

COUPER DES LÉGUMES EN DÉS

Avant de les cuisiner, il faut souvent couper les carottes, les navets et les pommes de terre en dés. Leur taille dépendra de celle des lanières.

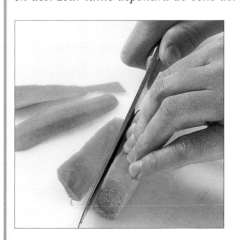

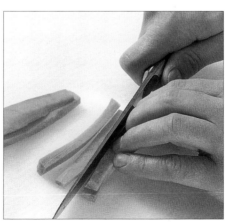

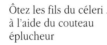

Les dés doivent être réguliers pour cuire à la même vitesse

1 Après avoir épluché les légumes, coupez-les éventuellement au carré à l'aide d'un couteau chef pour obtenir des bords nets.

2 Coupez les légumes verticalement en tranches de la largeur souhaitée. Rassemblez-les sur la planche à découper et émincez-les en lanières dans le sens de la longueur.

3 Empilez-les et détaillez-les en dés réguliers.

L'eau froide empêche
l'air d'oxyder
les pommes
de terre

3 Épluchez les pommes
de terre et coupez-les en
cubes de 1 cm de côté
(voir encadré p. 35).
Mettez-les dans
un bol d'eau
froide.

4 Détachez de leur tige les feuilles
d'aneth et rassemblez-les sur la planche
à découper. À l'aide du couteau chef,
hachez-les grossièrement, et réservez
pour la décoration.

5 Empilez les tranches de poitrine fumée
sur la planche à découper et coupez-les
en lanières, puis en cubes.

6 Rincez les filets de cabillaud sous
l'eau froide puis séchez-les dans
du papier absorbant. Ôtez toutes
les arêtes et détaillez les filets
en bandes de 2,5 cm de large,
puis en cubes. Préparez les
moules (voir encadré p. 37).

Le cabillaud
coupé en dés
cuit plus vite

Pour couper plus
facilement le poisson,
taillez-le d'abord en
lanières, puis en cubes

PRÉPARER DES MOULES

Avant de cuisiner des moules, il faut les nettoyer et les gratter soigneusement pour en enlever le sable, les parasites et les filaments par lesquels elles s'accrochent aux bouchots où elles sont cultivées.

1 À l'aide d'un couteau d'office, arrachez les filaments des moules. Grattez-les pour en détacher tous les parasites.

ATTENTION !
Jetez toutes les moules cassées et celles qui ne se ferment pas quand vous les tapotez.

2 Brossez énergiquement les coquillages sous l'eau courante.

---

2 PRÉPARER LA MARMITE

Le vin blanc apporte un peu d'acidité

L'arôme du laurier rehausse le ragoût

1 Mettez le court-bouillon de poisson dans la casserole, ajoutez le laurier et le vin blanc. Portez à ébullition et laissez frémir 10 min.

ATTENTION !
Ne laissez pas chauffer le court-bouillon trop longtemps, car il deviendrait acide.

2 Pendant ce temps, faites revenir la poitrine fumée dans la cocotte de 2 à 3 min, en remuant de temps en temps, jusqu'à ce qu'elle ait perdu sa graisse.

3 Ajoutez les oignons, le céleri, la carotte coupés en cubes et le thym, et faites fondre sans se colorer de 5 à 7 min, en remuant.

4 Versez la farine en pluie sur la poitrine fumée et les légumes, et cuisez 1 min en remuant.

La farine épaissit le ragoût

Remuez pour bien répartir la farine

5 Mouillez avec le court-bouillon et portez à ébullition en remuant, jusqu'à ce que le liquide épaississe.

6 Égouttez les pommes de terre, et mettez-les dans la cocotte. Laissez mijoter 40 min, en remuant de temps à autre, jusqu'à ce qu'elles soient très tendres.

7 Retirez du feu. À l'aide d'une fourchette, écrasez environ 1/3 des pommes de terre contre la paroi de la cocotte. Mélangez bien.

ANNE VOUS DIT
«Les pommes de terre écrasées lient le ragoût».

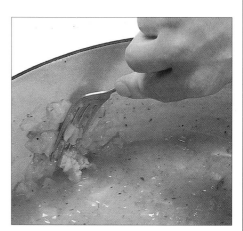

Versez toutes les moules d'un coup

Les coquilles s'ouvriront rapidement à la chaleur du ragoût

8 Remettez la cocotte sur le feu. Ajoutez les moules et laissez mijoter de 1 à 2 min, jusqu'à ce que les coquilles s'ouvrent.

9 Ajoutez les cubes de cabillaud, remuez et laissez mijoter 2 ou 3 min encore, jusqu'à ce que le poisson s'émiette facilement.

10 Versez la crème, et laissez bouillir quelques secondes. Rectifiez l'assaisonnement.

🍴 POUR SERVIR

Jetez le laurier et les moules qui ne se sont pas ouvertes à la cuisson. Versez le ragoût dans des bols à potage et parsemez de l'aneth haché. Servez très chaud, avec des croûtons.

Cette marmite américaine, à la fois riche et onctueuse, est un régal

VARIANTE

MARMITE DE CABILLAUD ET DE MOULES MANHATTAN

Des tomates, de la purée de tomates et du thym apportent ici de la couleur et du goût.

1 Préparez les ingrédients du ragoût en suivant la recette principale.

2 Ôtez le pédoncule de 6 belles tomates, soit 1 kg au moins, retournez-les et entaillez-les en croix. Mettez-les dans une casserole d'eau bouillante de 8 à 15 s : la peau se décolle en frisant au niveau de la croix. Plongez-les dans l'eau fraîche. Quand elles ont refroidi, pelez-les. Coupez-les en deux et épépinez-les, puis concassez-les. Vous pouvez aussi utiliser des tomates en boîte.

3 Pelez 4 gousses d'ail. Posez le plat d'un couteau chef sur chacune d'elles et appuyez avec le poing. Pelez-les et hachez-les finement.

4 Préparez la marmite en suivant la recette principale, mais en utilisant deux fois plus de vin blanc, 1 cuil. à soupe de thym séché, et la moitié seulement de la farine. Ajoutez l'ail et 1 ou 2 cuil. à soupe de purée de tomates dans le mélange d'oignon, de céleri et de carotte. Incorporez les tomates concassées en même temps que les pommes de terre. En fin de cuisson, ne les écrasez pas et ne versez pas de crème.

5 Parsemez de thym ciselé et servez avec des tranches de pain complet grillées.

FISH AND CHIPS

🍽 POUR 4 PERSONNES   🥣 PRÉPARATION : DE 45 À 50 MIN*   ☕ CUISSON : DE 20 À 25 MIN

ÉQUIPEMENT

friteuse avec thermostat

cuiller en bois

couteau éplucheur   couteau d'office

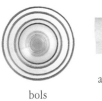

bols

couteau chef

fouet**

fourchette à rôti

papier
absorbant

passoire

plaque
à pâtisserie   planche
à découper

** ou batteur électrique

ANNE VOUS DIT
*«Si votre friteuse n'a pas
de thermostat, plongez dans
l'huile un morceau de pain
frais : s'il dore en 60 s, la
température est de 180 °C;
s'il dore en 40 s, elle est
de 190 °C.»*

*Ce grand classique anglais réunit des filets
de cabillaud frits et des frites bien croustillantes,
préparées selon les règles de l'art, en deux fois :
la première pour les cuire, la seconde pour
les dorer. Servez avec une sauce tartare.*

SAVOIR S'ORGANISER
Vous pouvez préparer le poisson et la pâte à frire,
et précuire les pommes de terre, 2 h à l'avance.
Faites frire le cabillaud et dorer les frites au dernier
moment pour qu'ils soient bien croustillants.

* plus 30 à 35 min de repos

métrique	LE MARCHÉ	impérial
6	pommes de terre, soit 750 g (1.5 lb) environ	6
	huile pour friture	
750 g	filets de cabillaud, sans la peau	1 1/2 lb
1	citron	1
30 g	farine de blé supérieure	1 oz
	sel et poivre	
	sauce tartare (voir encadré p. 43), pour servir (facultatif)	
	Pour la pâte à frire	
7,5 ml	levure chimique	1 1/2 cuil. à thé
60 ml	eau tiède	1/4 tasse
150 g	farine	5 oz
15 ml	huile végétale	1 cuil. à soupe
175 ml	ale	3/4 tasse
1	blanc d'œuf	1

INGRÉDIENTS

filets de cabillaud***

citron

huile végétale

pommes de terre

blanc d'œuf

huile pour
friture

ale****

levure chimique

farine de blé supérieure

*** ou églefin ou colin
ou flétan ou plie

**** ou bière blonde
ou bière allemande

DÉROULEMENT

1 PRÉPARER
LES POMMES
DE TERRE ET LA PÂTE

2 PRÉCUIRE LES FRITES
ET PRÉPARER
LE POISSON

3 FRIRE
LE POISSON;
DORER LES FRITES

1 PRÉPARER LES POMMES DE TERRE ET LA PÂTE À FRIRE

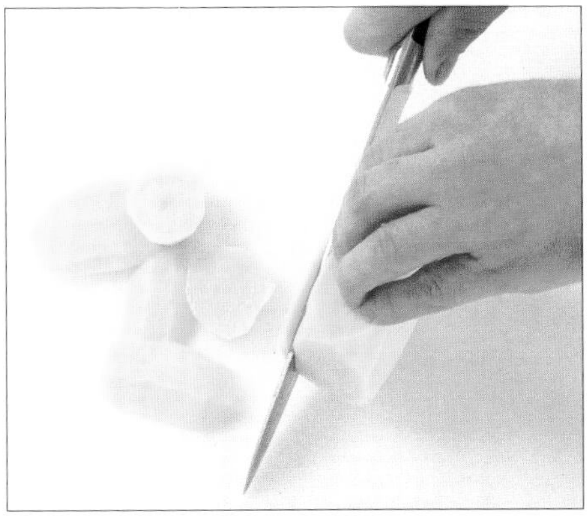

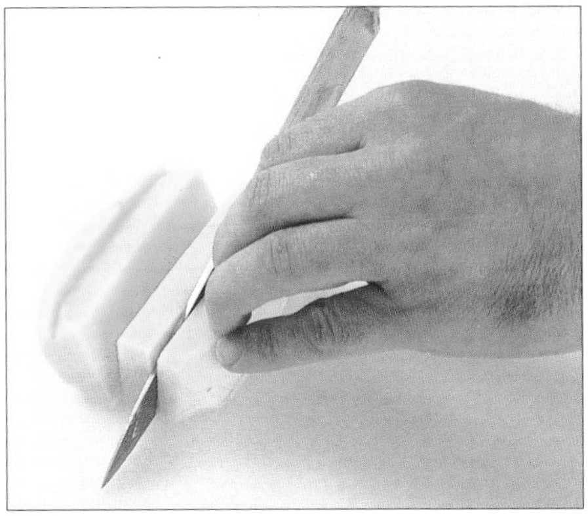

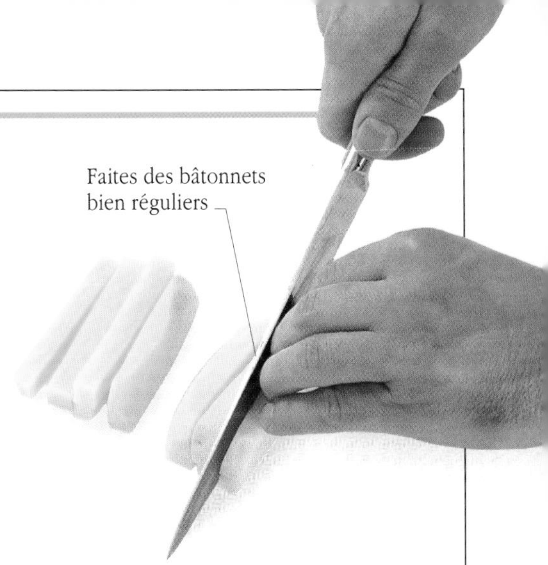

Faites des bâtonnets
bien réguliers

1 À l'aide du couteau-éplucheur, pelez les pommes de terre. Avec le couteau chef, coupez les bords au carré.

2 Détaillez les pommes de terre en tranches de 1 cm, en guidant la lame du couteau sur la dernière phalange de vos doigts.

3 Rassemblez les tranches et coupez-les en bâtonnets de 1 cm de large. Laissez-les tremper 30 min dans un bol d'eau froide.

ANNE VOUS DIT

«Les pommes de terre perdent leur amidon dans l'eau; elles seront ainsi plus croustillantes.»

La ale fait
lever la pâte
à frire

4 Mettez la levure, après l'avoir émiettée si elle est fraîche, dans l'eau tiède, et laissez-la gonfler 5 min.

5 Tamisez la farine au-dessus d'un bol, ajoutez une pincée de sel et creusez un puits au centre. Versez-y la levure délayée, l'huile et 2/3 de la ale; remuez avec la cuiller en bois pour obtenir une pâte homogène. Ajoutez le reste de ale et incorporez bien.

ATTENTION !

Ne battez pas trop, car la pâte deviendrait élastique.

6 Laissez reposer la pâte dans un endroit chaud de 30 à 35 min jusqu'à ce qu'elle épaississe et mousse (voir illustrations ci-dessus).

2 PRÉCUIRE LES FRITES ET PRÉPARER LE POISSON

1 Chauffez l'huile dans
la friteuse jusqu'à 180 °C.
Égouttez les pommes de terre
et séchez-les parfaitement
dans du papier absorbant.

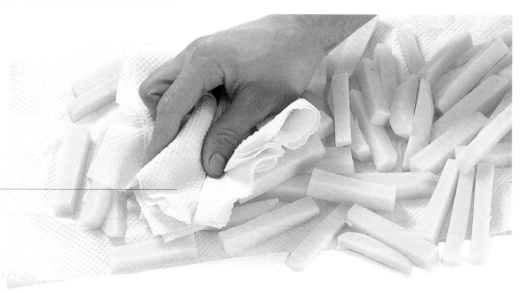

La moindre goutte
d'eau entraînerait
des projections d'huile

2 Plongez dans l'huile chaude le panier
à friture vide pour éviter que les légumes
collent. Sortez-le et mettez-y les pommes
de terre. Redescendez-le doucement dans
l'huile et cuisez les frites de 5 à 7 min,
jusqu'à ce qu'elles soient juste tendres
sous la pointe du couteau d'office et
qu'elles commencent à dorer. Remontez
le panier et laissez-les s'égoutter au-
dessus de la friteuse, puis étalez-les
sur un plat tapissé de papier absorbant.

ATTENTION !
*Ne remplissez pas trop le panier pour
que l'huile ne déborde pas. Procédez
éventuellement en plusieurs fois.*

Après
le premier
bain, les frites
doivent être
à peine tendres

3 Rincez les filets de poisson sous l'eau
froide et séchez-les dans du papier
absorbant.

4 Faites 4 portions, en
tranchant nettement en biais
avec le couteau chef. Coupez
le citron en deux, puis en
quartiers réguliers. Réservez
pour la décoration.

SAUCE TARTARE

Elle accompagne traditionnellement le poisson frit. Les ingrédients sont grossièrement hachés, puis incorporés à une mayonnaise crémeuse. Vous pouvez la préparer 48 h à l'avance et la conserver, couverte, au réfrigérateur.

 POUR 4 PERSONNES

 PRÉPARATION : DE 20 À 25 MIN

LE MARCHÉ

1 œuf dur
2 cornichons
1 cuil. à café de câpres
1 petite échalote
2 ou 3 brins de persil
2 ou 3 brins de cerfeuil frais ou d'estragon
15 cl de mayonnaise
sel et poivre

Les ingrédients doivent être hachés grossièrement

Les cornichons donnent de l'acidité

1 Tapotez l'œuf pour casser la coquille. Écalez-le et rincez-le sous l'eau froide. Hachez-le grossièrement.

2 À l'aide d'un couteau chef, hachez grossièrement les cornichons, puis les câpres.

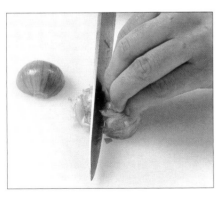

N'écrasez pas les ingrédients

3 Épluchez l'échalote et ouvrez-la en deux. Posez les moitiés à plat sur la planche à découper et tranchez-les horizontalement, sans entailler leur base. Émincez ensuite verticalement, toujours sans entailler la base. Hachez-les.

4 Détachez de leur tige les feuilles de persil et de cerfeuil ou d'estragon. Rassemblez-les sur la planche à découper, posez-y le couteau chef et hachez-les grossièrement en basculant la lame d'avant en arrière.

5 Mélangez la mayonnaise, l'œuf, les câpres, les cornichons, l'échalote et les herbes hachés; goûtez et rectifiez l'assaisonnement. Couvrez et réservez au réfrigérateur.

3 ENROBER ET FRIRE LE POISSON; DORER LES FRITES

Lorsqu'il est monté, le blanc reste accroché entre les branches du fouet

1 Préchauffez le four à 100 °C. Portez l'huile à 190 °C. Mettez la farine dans un plat, salez et poivrez. Roulez-y les morceaux de poisson en les tapotant avec les mains pour qu'ils en soient bien enrobés.

Pour que le blanc monte bien, fouettez-le dans un mouvement circulaire

2 Dans un bol métallique, battez le blanc d'œuf en neige ferme.

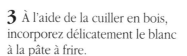

3 À l'aide de la cuiller en bois, incorporez délicatement le blanc à la pâte à frire.

4 Piquez un morceau de poisson sur la fourchette à rôti et plongez-le dans la pâte à frire, en tournant pour l'enrober de tous les côtés. Retirez-le et laissez-le s'égoutter 5 s.

5 Plongez-le doucement dans l'huile bouillante et laissez-le frire de 6 à 8 min, en le retournant une fois, jusqu'à ce qu'il soit doré et croustillant. Procédez de la même façon pour les autres morceaux.

ANNE VOUS DIT
«Débarrassez au fur et à mesure l'huile de tous les débris de pâte.»

Plongez doucement le poisson dans l'huile chaude pour éviter les éclaboussures

6 Quand le poisson est frit, posez-le sur une plaque à pâtisserie tapissée de papier absorbant. Maintenez-le au chaud dans le four.

Le papier absorbant boit l'excès d'huile et le poisson reste croustillant

7 Mettez les frites précuites dans le panier et laissez-les dorer de 1 à 2 min. Égouttez-les sur du papier absorbant.

⏐●⏐ POUR SERVIR

Diposez le poisson et les frites, après les avoir salés, sur des assiettes chaudes. Décorez le poisson avec les quartiers de citron et servez aussitôt, éventuellement avec une sauce tartare.

Les frites resteront croustillantes si vous les salez au dernier moment

VARIANTE

TEMPURA DE POISSON AUX PATATES DOUCES

Le poisson est ici frit dans une pâte à beignet légère et servi avec une sauce à la japonaise.

1 Râpez finement 50 g de daikon ou de radis blanc. Avec un couteau d'office, épluchez un morceau de gingembre frais de 2,5 cm. Émincez-le en coupant à travers les fibres, puis écrasez chaque tranche avec le plat d'un couteau chef et hachez finement. Mélangez 15 cl de saké et autant de sauce soja. Incorporez-y le daikon ou le radis blanc, le gingembre haché et 1 cuil. à café de sucre, ou plus selon votre goût. Réservez.

2 Tamisez 250 g de farine. Battez légèrement 2 œufs dans un bol et ajoutez 50 cl d'eau froide, en remuant sans arrêt. Versez toute la farine d'un seul coup et mélangez bien : la pâte doit être fluide.

3 Chauffez l'huile à 190 °C. Épluchez 2 patates douces, coupez-les en deux dans le sens de la longueur, puis détaillez-les en tranches épaisses de 5 mm. Il n'est pas nécessaire de les faire tremper.

4 Roulez les patates douces dans de la farine assaisonnée, puis dans la pâte. Faites-les frire de 4 à 6 min, jusqu'à ce qu'elles soient dorées et croustillantes; égouttez-les et gardez-les au chaud à four doux.

5 Rincez et séchez le poisson; divisez-le en 4 portions. Enrobez-le de farine, trempez-le dans la pâte et faites-le frire.

6 Servez avec les patates frites et la sauce. Décorez avec de la ciboulette.

PARMENTIER DU PÊCHEUR

🍽 POUR 6 PERSONNES   🥣 PRÉPARATION : DE 35 À 45 MIN   🍲 CUISSON : DE 20 À 30 MIN

ÉQUIPEMENT

tourtière ovale
de 20 cm de large*

fouet

poche à douille
et embout étoilé

couteau éplucheur

cuiller percée**

chinois

pinceau à pâtisserie

bols

couteau chef

couteau d'office

grande cuiller en métal

cuiller en bois

presse-purée

louche

planche
à découper

sauteuse avec couvercle

casseroles, dont
1 avec couvercle

* ou plat à rôtir profond
** ou écumoire

Ce plat traditionnel se compose de poisson blanc cuit et émietté, d'œufs durs et de grosses crevettes, enrichis d'une sauce blanche préparée avec un court-bouillon de poisson. Sa couverture de rosettes de purée est dorée au four.

SAVOIR S'ORGANISER

Vous pouvez préparer le hachis 24 h à l'avance et le conserver, couvert, au réfrigérateur. Cuisez-le au moment de servir.

métrique	LE MARCHÉ	impérial
3	œufs	3
1	petit oignon	1
1 litre	lait	4 tasses
10	grains de poivre	10
2	feuilles de laurier	2
750 g	filets d'églefin, sans la peau	1 1/2 lb
5-7	brins de persil	5-7
90 g	beurre, et un peu pour le plat	3 oz
60 g	farine de blé supérieure	2 oz
115 g	crevettes moyennes, cuites et décortiquées	4 oz
	sel et poivre	
Pour la purée		
4	pommes de terre, soit 625 g (1.25 lb) environ	4
60 ml	lait	1/4 tasse
60 g	beurre	2 oz

INGRÉDIENTS

filets d'églefin***

grosses crevettes

persil

pommes de terre

œufs

lait

farine de blé supérieure

poivre en grains

feuilles de laurier

oignon

beurre

*** ou cabillaud ou barbue
ou colin ou flétan

DÉROULEMENT

1 PRÉPARER
LA PURÉE
ET CUIRE
LES ŒUFS

2 CUIRE LE POISSON
ET PRÉPARER
LA SAUCE

3 APPRÊTER ET CUIRE
LE GRATIN

1 PRÉPARER LA PURÉE ET FAIRE DURCIR LES ŒUFS

1 Lavez et épluchez les pommes de terre. Coupez-les en morceaux. Mettez-les dans une casserole à moitié remplie d'eau, salez et portez à ébullition.

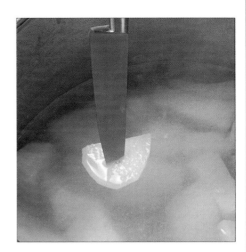

2 Laissez frémir de 15 à 20 min jusqu'à ce que les pommes de terre soient tendres sous la pointe d'un couteau d'office. Pendant ce temps, faites durcir les œufs et écalez-les (voir encadré p. 48).

Bien cuites, les pommes de terre s'écrasent facilement

3 Égouttez soigneusement les pommes de terre. Écrasez-les dans la casserole avec le presse-purée.

4 Chauffez le lait dans une petite casserole. Ajoutez le beurre, salez et poivrez; mélangez bien. Incorporez aux pommes de terre écrasées.

Rabattez la poche à douille sur votre main pendant que vous la remplissez de purée

6 Lorsque la purée a refroidi, remplissez-en la poche à douille équipée de l'embout étoilé. Réservez.

5 Remuez sans arrêt avec la cuiller en bois sur feu moyen 5 min environ, jusqu'à ce que la purée soit légère. Rectifiez l'assaisonnement.

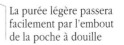

La purée légère passera facilement par l'embout de la poche à douille

FAIRE DURCIR ET ÉCALER DES ŒUFS

1 Mettez les œufs dans une casserole moyenne remplie d'eau froide. Portez à ébullition et laissez frémir 10 min.

2 Ôtez la casserole du feu et remplissez-la d'eau froide pour interrompre la cuisson. Laissez les œufs y refroidir.

3 Égouttez les œufs. Tapotez-les pour casser la coquille, puis écalez-les. Rincez-les et séchez-les dans du papier absorbant.

2 CUIRE LE POISSON ET PRÉPARER LA SAUCE

1 Épluchez et coupez l'oignon en quartiers. Mettez le lait dans la sauteuse et ajoutez le poivre, le laurier et l'oignon.

2 Portez le lait à ébullition, puis retirez du feu. Couvrez la sauteuse et laissez infuser dans un endroit chaud 10 min environ.

Le lait infusé est un court-bouillon idéal pour le poisson

4 Mettez le poisson dans le lait, couvrez la sauteuse, et laissez frémir de 5 à 10 min, selon l'épaisseur des filets, jusqu'à ce qu'ils s'émiettent facilement sous les dents d'une fourchette.

Le poisson coupé en morceaux cuit plus vite

3 À l'aide du couteau chef, détaillez chaque filet en morceaux.

5 À l'aide de la cuiller percée, sortez l'églefin; réservez le court-bouillon. Laissez refroidir le poisson, puis émiettez-le à la fourchette.

ANNE VOUS DIT
«Vérifiez avec les doigts qu'il n'y a plus d'arêtes.»

6 Détachez de leur tige les feuilles du persil, rassemblez-les sur la planche à découper et hachez-les grossièrement avec le couteau chef.

Effeuillez le persil avec les doigts

Le persil apporte à la sauce une note de fraîcheur

7 Pour préparer la sauce, chauffez doucement le beurre dans une casserole moyenne. Versez la farine, fouettez et laissez épaissir 1 min environ, jusqu'à ce que le mélange soit lisse.

8 Retirez du feu. Versez sur le mélange, à travers le chinois, le court-bouillon du poisson.

9 Fouettez vivement, remettez sur le feu et cuisez en remuant sans arrêt, jusqu'à ce que la sauce bouillonne et épaississe.

ATTENTION !
Si la sauce fait des grumeaux, retirez-la du feu et fouettez vivement. Si cela ne suffit pas, passez-la à travers le chinois.

Si vous la fouettez sans arrêt, la sauce sera lisse et onctueuse

10 Ajoutez le persil haché en continuant à fouetter. Goûtez et rectifiez l'assaisonnement.

3 APPRÊTER ET CUIRE LE GRATIN

1 Préchauffez le four à 180 °C. Chauffez un peu de beurre et enduisez-en le plat.

2 Posez les œufs durs sur la planche à découper et hachez-les grossièrement avec le couteau chef.

Les œufs durs donnent de la consistance au hachis

3 Avec la louche, versez 1/3 de la sauce au fond de la tourtière.

4 Répartissez l'églefin émietté sur la sauce, en une couche régulière.

5 Recouvrez le poisson avec le reste de sauce et disposez les crevettes au-dessus.

Espacez régulièrement les crevettes sur la sauce

6 Parsemez les crevettes des œufs durs hachés.

7 À l'aide de la poche à douille, recouvrez entièrement le hachis de rosettes de purée. Enfournez pour 20 à 30 min, jusqu'à ce que la surface soit bien dorée et que la sauce bouillonne.

ANNE VOUS DIT
«Vous pouvez aussi étendre la purée en une couche régulière et y dessiner des motifs avec une fourchette.»

Les œufs durs et les crevettes doivent être complètement recouverts de purée

 POUR SERVIR
Servez le parmentier très chaud dans sa tourtière.

Les rosettes de purée
rendent le plat très attrayant

Le mélange de poisson et de crevettes
parfume la purée

V A R I A N T E

PETITS GRATINS DE POISSON

Dans cette recette, des flocons d'avoine enrichis de persil haché et de parmesan râpé gratinent joliment.

1 Remplacez la purée de la recette principale par un crumble : tamisez 150 g de farine au-dessus d'un saladier moyen. Coupez 100 g de beurre en petits morceaux et ajoutez-les dans le saladier.
2 Malaxez du bout des doigts les morceaux de beurre et la farine jusqu'à ce que la préparation forme de petites miettes. Vous pouvez également travailler le mélange dans un robot ménager.
3 Hachez les feuilles de 3 à 5 brins de persil.
4 Ajoutez 50 g de flocons d'avoine au mélange de beurre et de farine, remuez bien, parsemez du persil haché et de 1 cuil. à soupe de parmesan râpé, salez et poivrez.
5 Beurrez 5 ramequins et répartissez les ingrédients en suivant la recette principale.
6 Saupoudrez le crumble sur le hachis et enfournez pour 20 à 25 min.
7 Éventuellement, faites dorer les gratins sous le gril de 1 à 2 min.

SALTIMBOCCA DE SAUMON

 POUR 4 À 6 PERSONNES ⌣ PRÉPARATION : DE 20 À 25 MIN* ☕ CUISSON : DE 1 À 2 MIN

ÉQUIPEMENT

plat profond
non métallique

palette

couteau chef

couteau à filets

couteau d'office

 grande poêle

 cuiller percée

casserole

 papier absorbant

pince à épiler

piques en bois

bols

brochettes en inox

film alimentaire

planche à découper

Cette recette d'un grand chef est une variante
des traditionnelles paupiettes de veau italiennes.
Des tranches de saumon frais marinent dans
de l'huile d'olive aromatisée, puis sont
enroulées autour de morceaux de saumon
fumé, et enfin sautées à la poêle.

— SAVOIR S'ORGANISER —
Vous pouvez faire mariner le saumon et rouler les paupiettes
4 h à l'avance, et les conserver au réfrigérateur.
Faites-les sauter au dernier moment.

plus 1 h 30 à 2 h de marinage

métrique	LE MARCHÉ	impérial
1 kg	filet de saumon frais, avec la peau	2.2 lb
5-7	brins de basilic frais	5-7
250 g	saumon fumé en tranches	9 oz
45 g	beurre	1.5 oz
	sel et poivre	
	Pour la marinade	
	le jus de 1/2 citron	
175 ml	huile d'olive	3/4 tasse
3-4	brins de thym frais	3-4
2	feuilles de laurier	2
	Pour la garniture	
4	tomates, soit 625 g (1.25 lb) environ	4
1	petit bouquet de basilic frais	1
30 ml	huile d'olive	2 cuil. à soupe
1	pincée de sucre cristallisé	1

INGRÉDIENTS

filet de saumon frais**

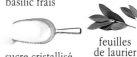

 huile d'olive

saumon fumé
en tranches

jus de citron

basilic frais

feuilles
de laurier

sucre cristallisé

tomates   beurre

thym frais

** ou filet de bar

DÉROULEMENT

1 PRÉPARER
ET FAIRE MARINER
LE SAUMON
FRAIS

2 PRÉPARER
LA GARNITURE
DE TOMATES

3 ROULER ET CUIRE
LES PAUPIETTES

1 PRÉPARER ET FAIRE MARINER LE SAUMON FRAIS

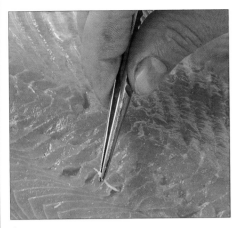

Inclinez le couteau à filets pour prélever des tranches fines

1 Rincez le filet de saumon sous l'eau froide et séchez-le dans du papier absorbant. À l'aide de la pince à épiler, ôtez toutes les arêtes centrales et latérales.

2 Posez le poisson devant vous; à l'aide du couteau à filets, et en travaillant du haut vers la queue, coupez en biais 12 tranches, aussi fines que possible, sans laisser la moindre trace de peau.

3 Préparez la marinade : versez le jus de citron et l'huile dans le plat. Ajoutez les feuilles de thym sans leur tige et poivrez. Émiettez au-dessus les feuilles de laurier.

4 Posez dans le plat les tranches de saumon frais. Couvrez et laissez mariner 1 h au réfrigérateur. Pendant ce temps, préparez la garniture de tomates.

2 PRÉPARER LA GARNITURE DE TOMATES AU BASILIC

Le basilic donnera de la consistance à la garniture

1 Ôtez le pédoncule des tomates. Retournez-les et entaillez-les en croix. Mettez-les dans l'eau bouillante de 8 à 15 s : la peau se décolle. Plongez-les dans de l'eau fraîche. Dès qu'elles ont refroidi, pelez-les. Coupez-les en deux, épépinez-les et hachez-les.

2 Détachez de leur tige les feuilles de basilic. Rassemblez-les sur la planche à découper et hachez-les grossièrement à l'aide du couteau chef.

3 Mélangez les tomates, l'huile d'olive et le basilic haché, salez et poivrez, ajoutez une pincée de sucre. Laissez mariner de 30 min à 1 h à température ambiante.

3 ROULER ET CUIRE LES PAUPIETTES

1 Sortez les tranches de saumon frais de la marinade et séchez-les dans du papier absorbant.

2 Détachez de leur tige les autres feuilles de basilic. Éventuellement, coupez les tranches de saumon fumé à la même taille que celles de saumon frais.

Le basilic apporte un peu d'acidité

Le saumon frais se marie parfaitement avec le saumon fumé

3 Préparez les paupiettes : posez une tranche de saumon fumé sur 3 des tranches de saumon frais. Surmontez le tout d'une feuille de basilic.

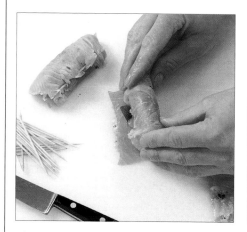

4 Roulez les paupiettes. Maintenez-les fermées avec une pique en bois, en la passant dessus-dessous comme si vous cousiez.

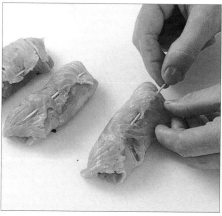

5 Procédez de la même façon pour les autres paupiettes.

6 Chauffez le beurre dans la poêle et déposez-y la moitié des paupiettes de saumon en les espaçant bien : elles ne doivent pas se toucher.

7 Cuisez les paupiettes à feu vif de 1 à 2 min, en les retournant de temps en temps, jusqu'à ce qu'elles soient dorées de tous les côtés.

ATTENTION !
Ne cuisez pas trop les paupiettes, car elles sècheraient.

Retournez plusieurs fois les paupiettes

8 Vérifiez que les paupiettes sont cuites en piquant en leur cœur une brochette en inox : elle doit s'y enfoncer facilement. Gardez-les au chaud pendant que vous cuisez les autres.

🍴 POUR SERVIR

Ôtez les piques en bois. Disposez les paupiettes sur des assiettes chaudes et servez aussitôt avec la garniture de tomates au basilic.

Des tagliatelles aux épinards accompagneront parfaitement les deux saumons

Les tomates au basilic constituent une garniture rafraîchissante

VARIANTE
PAUPIETTES DE SOLE
Des filets de sole remplacent le saumon frais des paupiettes et cuisent à la vapeur.

1 Préparez la garniture de tomates au basilic en suivant la recette principale.
2 Remplacez le filet de saumon par 6 beaux filets de sole, sans la peau, soit 500 g environ. Ôtez les arêtes visibles et coupez-les en deux le long de la ligne centrale. Aplatissez-les légèrement avec la tranche d'un couteau chef. Ne les faites pas mariner.
3 Préparez des tranches de saumon fumé de même taille que les filets de sole.
4 Posez un morceau de sole sur le plan de travail, côté extérieur vers le haut, et recouvrez-le d'une tranche de saumon; n'utilisez pas de basilic. Roulez en serrant bien. (Si la paupiette est trop épaisse, déroulez-la et coupez-la en deux.) Maintenez avec une pique en bois. Procédez de la même façon pour les autres paupiettes.
5 Remplissez une petite couscoussière d'environ 5 cm d'eau et portez à ébullition. Posez les paupiettes dans le panier, pique vers le bas, et arrosez du jus de 1/2 citron; salez et poivrez. Placez le panier sur l'eau frémissante, couvrez et cuisez de 8 à 10 min.
6 Coupez les paupiettes en tranches et servez accompagné de tomates au basilic et décoré de basilic frais.

RÔTI DE LOTTE
ET SAUCES À L'AIL ET AU PIMENT

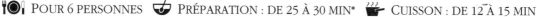

🍽 POUR 6 PERSONNES   🥣 PRÉPARATION : DE 25 À 30 MIN*   🍲 CUISSON : DE 12 À 15 MIN

ÉQUIPEMENT

plat non métallique profond

petite casserole

couteau d'office

pinceau à pâtisserie

couteau chef

robot ménager

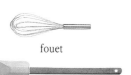

fouet

spatule en caoutchouc

bols

papier absorbant

planche à découper

plaque à pâtisserie

aluminium ménager

gants en caoutchouc

La lotte, avec sa tête difforme et sa gueule ouverte, n'est pas un poisson très attirant, mais la délicatesse de sa chair compense largement son aspect repoussant! Les filets sont ici rôtis entiers, avant d'être tranchés et servis chauds ou à température ambiante, avec deux sauces relevées.

* plus 2 h de marinage

INGRÉDIENTS

filets de lotte**

piments rouges frais

purée de tomates

thym frais

beurre

farine de blé supérieure

persil

œufs

piment de Cayenne

huile d'olive

origan frais

gousses d'ail

** ou bar ou roussette

métrique	LE MARCHÉ	impérial
6	filets de lotte, sans la peau, soit 1,4 kg (3 lb) environ	6
5-7	brins d'origan frais	5-7
5-7	brins de thym frais	5-7
30 ml	huile d'olive	2 cuil. à soupe
	sel et poivre	
	Pour les sauces	
4	œufs	4
45 g	beurre	1.5 oz
45 ml	farine de blé supérieure	3 cuil. à soupe
250 ml	eau bouillante	1 tasse
8	gousses d'ail, ou selon votre goût	8
125 ml	huile d'olive	1/2 tasse
6-9	brins de persil et d'autres herbes fraîches : thym, origan, cerfeuil et estragon	6-9
2	piments rouges frais	2
10 ml	purée de tomates	2 cuil. à thé
	piment de Cayenne (facultatif)	

DÉROULEMENT

1 FAIRE MARINER LA LOTTE

2 PRÉPARER L'ACCOMPAGNEMENT

3 RÔTIR LA LOTTE

1 PRÉPARER ET FAIRE MARINER LA LOTTE

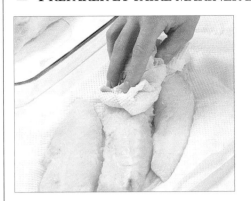

1 Ôtez la membrane translucide de
la lotte. Rincez les filets sous l'eau froide
et séchez-les dans du papier absorbant.

2 Détachez de leur tige
les feuilles d'origan et
de thym et rassemblez-les
sur la planche à découper.
Hachez-les grossièrement.

3 Mettez les filets dans le plat,
arrosez-les d'huile d'olive et
saupoudrez d'herbes hachées;
salez et poivrez. Remuez-les
avec les mains pour bien
les enrober. Couvrez
et laissez mariner 2 h
au réfrigérateur. Pendant
ce temps, préparez
les sauces.

Retournez plusieurs
fois les filets

Les herbes
de la marinade
parfument la lotte

2 PRÉPARER LES SAUCES ET LA DÉCORATION

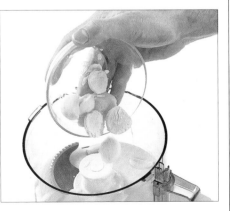

1 Mettez les œufs dans la casserole,
couvrez-les d'eau froide et portez
à ébullition. Laissez-les durcir 10 min.
Égouttez-les et plongez-les dans un bol
d'eau froide. Tapotez-les pour casser
les coquilles et écalez-les. Séparez
les jaunes des blancs, jetez les blancs
ou réservez-les pour une autre recette.

2 Chauffez le beurre dans la casserole.
Ajoutez la farine en remuant, et laissez
cuire 1 min jusqu'à ce que le mélange
mousse. Retirez du feu et versez l'eau
bouillante en fouettant. La sauce épaissit
aussitôt. Cuisez de nouveau 1 min sans
cesser de fouetter.

3 Mettez la sauce dans le bol du robot
ménager. Épluchez les gousses d'ail.
Ajoutez-les avec les jaunes d'œufs durs,
salez, poivrez et faites tourner jusqu'à ce
que le mélange soit lisse.

ANNE VOUS DIT
«La quantité d'ail dépend de votre goût.»

4 Sans arrêter l'appareil, versez l'huile d'olive en un mince filet dans le cylindre : la sauce épaissit et devient crémeuse. Goûtez et rectifiez l'assaisonnement. Mettez la moitié de la sauce dans un bol et réservez pour la sauce au piment.

ATTENTION !
Ne versez pas l'huile trop vite, car la sauce tournerait.

5 Détachez de leur tige les feuilles des autres herbes et ajoutez-les dans le robot. Faites tourner rapidement. Versez dans un second bol; couvrez et laissez refroidir.

ÉPÉPINER ET COUPER UN PIMENT FRAIS

Enfilez des gants en caoutchouc et ne vous frottez pas les yeux : les piments peuvent brûler.

1 Ouvrez le piment en long. Ôtez le pédoncule et les membranes blanches.

2 Grattez les graines avec la pointe du couteau et hachez grossièrement les moitiés de piment.

La sauce est vivement colorée par le piment rouge et la purée de tomates

6 Rincez le bol du robot. Ôtez le pédoncule et les graines d'un des piments (voir encadré à gauche) et hachez-le. Mettez-le dans le robot. Ajoutez la purée de tomates et la sauce réservée.

7 Faites tourner l'appareil jusqu'à ce que le mélange soit lisse, en raclant les parois avec la spatule. Assaisonnez d'une pointe de piment de Cayenne. Versez dans un bol, couvrez et laissez refroidir.

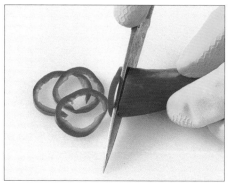

8 Ôtez le pédoncule du second piment et grattez les graines avec la pointe du couteau d'office. Coupez-le en anneaux et réservez pour la décoration.

3 RÔTIR LA LOTTE

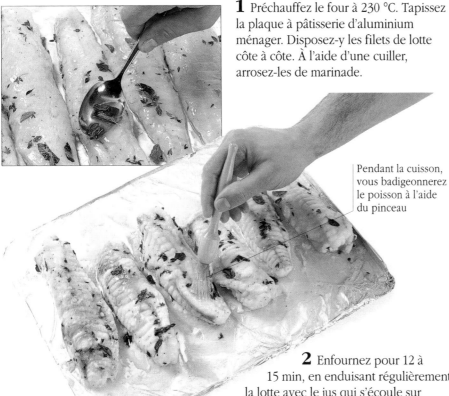

1 Préchauffez le four à 230 °C. Tapissez la plaque à pâtisserie d'aluminium ménager. Disposez-y les filets de lotte côte à côte. À l'aide d'une cuiller, arrosez-les de marinade.

Pendant la cuisson, vous badigeonnerez le poisson à l'aide du pinceau

2 Enfournez pour 12 à 15 min, en enduisant régulièrement la lotte avec le jus qui s'écoule sur l'aluminium, jusqu'à ce qu'elle soit dorée et juste cuite à l'intérieur : la chair doit à peine s'émietter sous les dents d'une fourchette.

🍴 POUR SERVIR

Tranchez les filets de lotte en biais. Disposez-les sur des assiettes chaudes et accompagnez d'un peu des deux sauces. Décorez avec les anneaux de piment et quelques brins de thym. Servez le reste des sauces à part.

Le piquant de la sauce au piment relève la saveur de la lotte

---

V A R I A N T E

ESCALOPES DE LOTTE GRILLÉES ET SAUCES À L'AIL ET AU PIMENT

Les filets de lotte sont escalopés, grillés et servis avec les mêmes sauces.

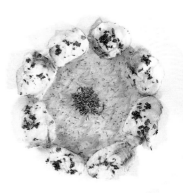

1 Rincez les filets de lotte et séchez-les dans du papier absorbant. Tenez chaque filet fermement dans une main, et escalopez-les en tranches épaisses de 1 cm, en travaillant vers la queue, aussi régulièrement que possible.
2 Faites mariner les tranches de lotte en suivant la recette principale, mais en doublant la quantité d'herbes hachées. Pendant ce temps, préparez les sauces à l'ail et au piment.
3 Enfournez les escalopes pour 4 min, à 7 cm environ sous la source de chaleur; il n'est pas nécessaire de les retourner.
4 Versez la sauce à l'ail sur des assiettes chaudes. Décorez-la de motifs de sauce au piment et, avec la pointe d'un couteau, dessinez des festons. Disposez le poisson autour des assiettes. Décorez avec des herbes.

La chair ferme de la lotte se découpe facilement

——— SAVOIR S'ORGANISER ———
Vous pouvez préparer les sauces 24 h à l'avance et les conserver au réfrigérateur. Faites rôtir la lotte au dernier moment.

LASAGNES DE LA MER

POUR 8 PERSONNES   **PRÉPARATION : DE 40 À 45 MIN**   **CUISSON : DE 30 À 45 MIN**

ÉQUIPEMENT

plat rectangulaire
(environ 22 x 34 cm)

casseroles, dont 1 avec couvercle

couteau chef

fouet

louche

planche
à découper

cuiller percée*

couteau d'office

papier absorbant

cuiller en bois

râpe à fromage

grande casserole
peu profonde

chinois

bols

passoire

* ou écumoire

INGRÉDIENTS

filets de limande**   crevettes crues

lasagnes

noix de St-Jacques

vin
blanc

herbes fraîches

crème

échalotes

feuille
de laurier

huile
végétale

beurre

farine de blé

champignons

gruyère   lait

olivettes

oignon

piments
écrasés

poivre
en grains

** ou roussette ou plie
ou rouget-grondin

Le mariage des pâtes, des fruits de mer et d'une sauce blanche est un délice. Le poisson, les crevettes et les noix de Saint-Jacques sont d'abord sautés avec des échalotes et du vin blanc.

métrique	LE MARCHÉ	impérial
250 g	grosses crevettes crues	8 oz
250 g	noix de Saint-Jacques	8 oz
500 g	filets de limande	1.1 lb
2	échalotes	2
30 g	beurre, et un peu pour le plat	1 oz
60 ml	vin blanc	1/4 tasse
15 ml	huile végétale	1 cuil. à soupe
250 g	lasagnes fraîches ou en paquet	8 oz
90 g	gruyère	3 oz
	sel et poivre	
	Pour la sauce	
1	petit oignon	1
500 ml	lait	2 tasses
1	feuille de laurier	1
6	grains de poivre	6
500 g	olivettes	1.1 lb
175 g	champignons de Paris	6 oz
30 g	beurre	1 oz
30 g	farine de blé supérieure	1 oz
160 ml	crème	2/3 tasse
6-8	brins de persil et de basilic	6-8
1,25 ml	piments écrasés	1/4 cuil. à thé

DÉROULEMENT

1 PRÉPARER
LES FRUITS DE MER

2 FAIRE LA SAUCE

3 ASSEMBLER ET CUIRE
LES LASAGNES

1 Préparer les fruits de mer

Décortiquez les crevettes en commençant par la tête; la queue sortira facilement

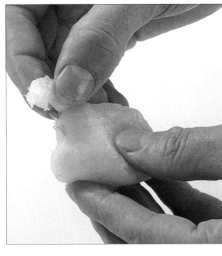

1 Décortiquez les crevettes. Entaillez profondément leur dos pour retirer la veine sombre. Si elles sont grosses, ouvrez-les en deux dans le sens de la longueur.

2 Éventuellement, retirez et jetez le muscle dur qui se trouve sur le côté des noix de Saint-Jacques. Rincez-les sous l'eau froide et séchez-les dans du papier absorbant.

Coupé en morceaux, le poisson sera mieux réparti dans le plat

4 Rincez les filets de limande sous l'eau froide et séchez-les dans du papier absorbant. Coupez-les en morceaux. Réservez au réfrigérateur.

3 À l'aide du couteau d'office, coupez les noix les plus grosses en deux.

5 Épluchez les échalotes. Tranchez-les horizontalement, sans entailler leur base. Émincez-les ensuite verticalement, toujours sans entailler la base, puis hachez-les en tout petits dés.

6 Chauffez le beurre dans une casserole moyenne. Mettez-y les échalotes hachées et faites-les fondre sans se colorer de 1 à 2 min en remuant. Ajoutez les crevettes et les noix de Saint-Jacques, salez et poivrez.

Ne faites pas cuire
les fruits de mer
trop longtemps,
car ils durciraient

Le jus de cuisson
parfume la sauce

7 Cuisez à feu moyen de 2 à 3 min, jusqu'à ce que les noix de Saint-Jacques deviennent opaques. Versez le vin blanc et portez à ébullition.

8 Retirez la casserole du feu. À l'aide de la cuiller percée, sortez les crevettes et les noix de Saint-Jacques, et réservez. Gardez le jus de cuisson.

2 FAIRE LA SAUCE

1 Épluchez l'oignon et coupez-le en quartiers. Mettez-le dans une casserole avec le lait, le laurier et les grains de poivre. Portez à ébullition, puis couvrez et laissez infuser 10 min. Pendant ce temps, pelez les tomates, épépinez-les et concassez-les (voir encadré p. 64).

ANNE VOUS DIT
«Pour gagner du temps, vous pouvez utiliser 250 g de tomates en boîte égouttées.»

L'oignon relève
agréablement
le lait

Le lait infusé
aromatisera
la sauce

2 Raccourcissez les pieds des champignons et nettoyez les chapeaux avec du papier absorbant humide. Posez les champignons à la verticale sur la planche à découper et émincez-les.

3 Ajoutez les champignons au jus de cuisson des fruits de mer et laissez frémir 2 min. Réservez.

Les aromates restent dans le chinois

4 Dans une autre casserole, chauffez le beurre à feu moyen. Versez la farine en fouettant et cuisez de 30 à 60 s, jusqu'à léger frémissement.

5 Retirez la casserole du feu; laissez refroidir légèrement, puis versez le lait en le passant à travers le chinois. Mélangez au fouet. Remettez sur le feu et cuisez de 2 à 3 min, sans cesser de fouetter : la sauce épaissit. Salez et poivrez, et laissez mijoter 2 min encore. Retirez du feu.

6 Versez la crème dans la sauce blanche, et mélangez en fouettant vigoureusement.

ATTENTION !
Si la sauce forme des grumeaux, fouettez vigoureusement hors du feu. Si cela ne suffit pas, passez la sauce à travers le chinois.

7 Ajoutez dans la casserole les champignons avec leur jus de cuisson, puis les tomates concassées. Remettez sur le feu et laissez mijoter 2 min.

8 Séparez de leur tige les feuilles des herbes et hachez-les grossièrement.

Les tomates et les champignons donnent son originalité à la sauce

9 Ajoutez à la sauce les herbes, puis le piment écrasé. Goûtez et rectifiez l'assaisonnement. Réservez.

PELER, ÉPÉPINER ET CONCASSER UNE TOMATE

Généralement, il faut peler et épépiner les tomates pour que la sauce soit bien lisse.

1 Remplissez une petite casserole d'eau et portez à ébullition. Ôtez le pédoncule des tomates. Retournez-les et entaillez-les en croix. Mettez-les dans l'eau bouillante de 8 à 15 s : la peau se décolle en frisant au niveau de la croix. À l'aide d'une cuiller percée, plongez-les aussitôt dans un bol d'eau fraîche.

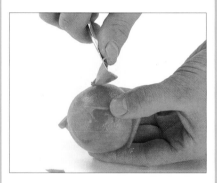

2 Lorsqu'elles ont refroidi, pelez-les. Coupez-les et ôtez les pépins.

3 Posez chaque demi-tomate à plat sur une planche à découper et concassez-les plus ou moins finement selon la recette que vous préparez.

3 ASSEMBLER ET CUIRE LES LASAGNES

1 Remplissez la grande casserole peu profonde d'eau, portez à ébullition, ajoutez l'huile et 1 cuil. à soupe de sel. Déposez-y les lasagnes une par une et cuisez jusqu'à ce qu'elles soient tout juste tendres, de 3 à 5 min si elles sont fraîches, de 8 à 10 min si elles sont en paquet.

2 À l'aide de la cuiller percée, sortez les lasagnes et mettez-les dans la passoire. Rincez-les sous l'eau froide et égouttez de nouveau soigneusement. Lorsqu'elles ont refroidi, étendez-les sur un torchon propre pour les sécher. Râpez le gruyère.

3 Préchauffez le four à 180 °C. Beurrez le plat de cuisson. Versez-y 1/4 de la sauce et disposez au-dessus la moitié des crevettes et des noix de Saint-Jacques.

Répartissez bien les crevettes et les noix sur la sauce

4 Recouvrez la sauce et les fruits de mer d'une couche de lasagnes.

5 Étendez sur les pâtes une couche de morceaux de limande. Nappez-les avec un tiers du reste de sauce et couvrez de lasagnes.

6 Ajoutez le reste des crevettes et des noix de Saint-Jacques, puis la moitié du reste de sauce, et recouvrez avec les dernières lasagnes. Nappez régulièrement la pâte avec la sauce. Parsemez de gruyère râpé.

Le gruyère râpé va gratiner sur les lasagnes

Les fruits de mer se cachent sous une sauce crémeuse

7 Enfournez pour 30 à 45 min, jusqu'à ce que le dessus du plat soit bien doré.

🍴 **POUR SERVIR**
Coupez les lasagnes en carrés et servez brûlant sur des assiettes chaudes.

Le dessus du plat est croustillant

Les tomates apportent une touche de couleur

V A R I A N T E

LASAGNES VERTES À LA TRUITE FUMÉE

Ce plat coloré réunit de la truite fumée, des crevettes et des lasagnes vertes aux épinards.

1 Préparez et cuisez 500 g de crevettes crues; n'utilisez pas les noix de Saint-Jacques.
2 Remplacez les filets de limande par le même poids de truite fumée. Coupez-la en gros morceaux.
3 Préparez la sauce.
4 Remplacez les lasagnes blanches par des lasagnes vertes aux épinards.
5 Assemblez et cuisez les lasagnes.
6 Servez avec de la salade et éventuellement quelques herbes.

SAVOIR S'ORGANISER
Vous pouvez préparer la sauce et les fruits de mer et assembler les lasagnes 24 h à l'avance, et les conserver, couvertes, au réfrigérateur. Enfournez-les au dernier moment.

TRESSES DE POISSONS
ET LEUR VINAIGRETTE CHAUDE

 POUR 6 PERSONNES PRÉPARATION : DE 35 À 40 MIN CUISSON : DE 8 À 10 MIN

ÉQUIPEMENT

couscoussière*

planche à découper

casserole

couteau chef

couteau d'office

spatule à poisson

fouet

papier absorbant

* ou grande casserole
avec panier et couvercle

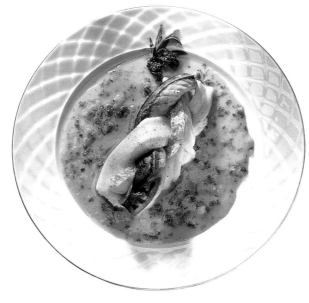

*Trois variétés de poissons à la peau
différemment colorée sont coupés
en lanières, tressés, puis cuits à la vapeur
d'un court-bouillon. Les tresses sont servies
avec une vinaigrette aux herbes chaude.*

métrique	LE MARCHÉ	impérial
350 g	filets de vivaneau, avec la peau	12 oz
350 g	filets de limande, avec la peau	12 oz
350 g	filets de maquereau, avec la peau	12 oz
	sel et poivre	
	Pour le court-bouillon	
1	carotte	1
1	oignon	1
1 litre	eau	4 tasses
1	bouquet garni, composé de 5 ou 6 brins de persil, 2 ou 3 brins de thym et 1 feuille de laurier	1
6	grains de poivre	6
2	clous de girofle	2
	Pour la vinaigrette	
2	échalotes	2
150 ml	vinaigre de vin rouge	2/3 tasse
10 ml	moutarde de Dijon	2 cuil. à thé
90 ml	huile d'olive	3/8 tasse
150 ml	huile végétale	2/3 tasse
5-7	brins d'estragon ou de thym frais	5-7
7-10	brins de persil ou de cerfeuil frais	7-10

INGRÉDIENTS

filets de limande**

filets de maquereau**

filets de vivaneau**

persil

échalotes

oignons

bouquet garni

carotte

huile végétale

huile d'olive

moutarde
de Dijon

estragon
frais

poivre
en grains

vinaigre
de vin
rouge

clous
de girofle

** ou tout autre poisson
à peau fine et colorée,
comme le bar ou le mulet

DÉROULEMENT

1 PRÉPARER
LES POISSONS

2 CUIRE
LES TRESSES

3 PRÉPARER
LA VINAIGRETTE;
TERMINER LE PLAT

1 PRÉPARER LE COURT-BOUILLON ET LE POISSON

1 Pelez la carotte et l'oignon et coupez-les en quartiers. Dans la couscoussière, mettez l'eau, le bouquet garni, les grains de poivre, 1 cuil. à café de sel, les clous de girofle, la carotte et l'oignon, et portez à ébullition : vous devez avoir 5 cm de court-bouillon au fond du récipient. Laissez frémir de 20 à 30 min.

2 Rincez les filets de poisson sous l'eau froide; séchez-les dans du papier absorbant. Retirez toutes les arêtes. Coupez-les pour qu'ils aient à peu près la même longueur.

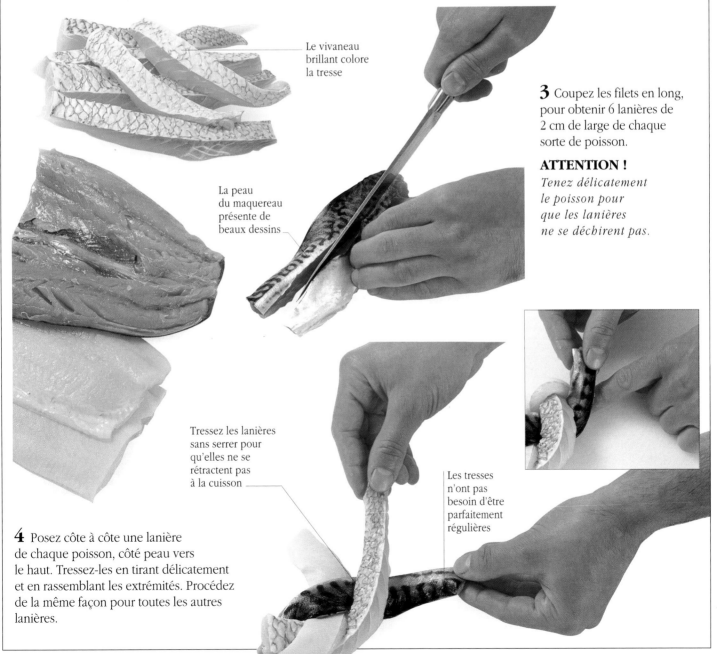

Le vivaneau brillant colore la tresse

La peau du maquereau présente de beaux dessins

3 Coupez les filets en long, pour obtenir 6 lanières de 2 cm de large de chaque sorte de poisson.

ATTENTION !
Tenez délicatement le poisson pour que les lanières ne se déchirent pas.

Tressez les lanières sans serrer pour qu'elles ne se rétractent pas à la cuisson

Les tresses n'ont pas besoin d'être parfaitement régulières

4 Posez côte à côte une lanière de chaque poisson, côté peau vers le haut. Tressez-les en tirant délicatement et en rassemblant les extrémités. Procédez de la même façon pour toutes les autres lanières.

HACHER DES HERBES

Le persil, l'estragon, le thym, la ciboulette, le romarin sont des herbes qu'il faut souvent hacher avant de les cuisiner. Ne ciselez pas les herbes délicates, comme le basilic, trop finement : leurs feuilles se flétrissent vite.

Tirez les feuilles doucement pour qu'elles gardent leur fraîcheur

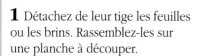

1 Détachez de leur tige les feuilles ou les brins. Rassemblez-les sur une planche à découper.

2 À l'aide d'un couteau chef, coupez les feuilles ou les brins en petits morceaux, en les tenant en bouquet serré dans l'autre main. Appuyez fermement la pointe de la lame sur la planche à découper et basculez-la régulièrement d'avant en arrière. Hachez plus ou moins finement, selon la recette que vous préparez.

2 CUIRE LES TRESSES DE POISSON

1 À l'aide de la spatule à poisson, posez les tresses dans le panier de la couscoussière. Salez et poivrez.

ANNE VOUS DIT
«Vous devrez sans doute cuire les tresses en deux fois.»

Assaisonnez selon votre goût

Espacez bien les tresses

2 Posez le panier au-dessus du court-bouillon frémissant.

ATTENTION !
Si le court-bouillon s'est trop évaporé, rajoutez un peu d'eau.

3 Couvrez la couscoussière et cuisez de 8 à 10 min, jusqu'à ce que le poisson s'émiette facilement sous les dents d'une fourchette. Pendant ce temps, préparez la vinaigrette.

3 PRÉPARER LA VINAIGRETTE; TERMINER LE PLAT

1 Épluchez les échalotes et tranchez-les horizontalement, sans entailler leur base. Émincez-les ensuite verticalement, puis hachez-les en tout petits dés. Détachez de leur tige les feuilles des herbes. Réservez-en 4 de chaque pour la décoration et hachez finement les autres (voir encadré p. 68).

2 Dans la casserole, mélangez au fouet le vinaigre, la moutarde et les échalotes. Ajoutez l'huile d'olive, puis l'huile végétale en un mince filet continu en fouettant, pour que la vinaigrette s'émulsionne et épaississe légèrement. Chauffez doucement, sans cesser de fouetter. Retirez du feu, et ajoutez en remuant les herbes, du sel et du poivre.

🍴 POUR SERVIR

À l'aide d'une cuiller, versez la vinaigrette sur 6 assiettes chaudes. Déposez une tresse sur chaque assiette. Décorez avec le reste des herbes et servez.

Ces tresses de poissons sont joliment présentées

V A R I A N T E

PANACHÉ DE POISSONS ET SA VINAIGRETTE CHAUDE AU XÉRÈS

Les trois variétés de poisson sont ici proposées en panaché avec une vinaigrette chaude au xérès. Accompagnez-les de haricots verts.

1 Préparez le court-bouillon en suivant la recette principale.
2 Rincez les filets de poisson et séchez-les. Coupez-les en losanges.
3 Cuisez-les à la vapeur comme les tresses, de 5 à 7 min selon leur épaisseur. Procédez éventuellement en deux fois.
4 Pendant ce temps, préparez la vinaigrette en suivant la recette principale, mais en remplaçant le vinaigre de vin rouge par du vinaigre de xérès et l'huile d'olive par de l'huile de noix. N'utilisez pas d'herbes.
5 Disposez le poisson sur des assiettes chaudes, côté peau vers l'extérieur. Versez un peu de vinaigrette sur le poisson et servez le reste de la sauce à part.

—— **SAVOIR S'ORGANISER** ——

Vous pouvez préparer la vinaigrette 24 h à l'avance. Le court-bouillon et les tresses de poisson se gardent 1 h. Juste avant de servir, réchauffez la vinaigrette et ajoutez les herbes pendant que vous cuisez le poisson.

LOTTE À L'AMÉRICAINE

🍽 POUR 4 À 6 PERSONNES 🥣 PRÉPARATION : DE 45 À 50 MIN 🍲 CUISSON : DE 35 À 40 MIN

ÉQUIPEMENT

casseroles

ciseaux de cuisine

bol

ficelle de cuisine

couteau éplucheur

couteau à filets

sauteuse*

couteau chef

petite louche

chinois

papier absorbant

cuiller en bois

fouet

palette

planche à découper

ou grande poêle

La lotte, surnommée aussi diable ou crapaud de mer en raison de sa très vilaine tête, a une chair très fine, ferme et sans arêtes. Ici, elle est cuisinée à la tomate, à l'ail et au cognac.

métrique	LE MARCHÉ	impérial
1,4 kg	queue de lotte	3 lb
2	oignons moyens	2
125 ml	vin blanc ou le jus de 1/2 citron	1/2 tasse
5 ml	grains de poivre	1 cuil. à thé
3-5	brins de persil	3-5
500 ml	eau	2 tasses
30 g	farine de blé supérieure	1 oz
	sel et poivre	
30 ml	huile d'olive	2 cuil. à soupe
150 g	beurre	5 oz
	riz pilaf (voir encadré p. 74), pour servir	
Pour la sauce		
1	carotte	1
2	gousses d'ail	2
750 g	tomates	1 1/2 lb
150 ml	vin blanc	2/3 tasse
45 ml	cognac	3 cuil. à soupe
1	bouquet garni (voir encadré p. 72)	1
1	pincée de piment de Cayenne (facultatif)	1
3-4	brins d'estragon frais	3-4
60 ml	crème épaisse	1/4 tasse
15 ml	purée de tomates	1 cuil. à soupe
1	pincée de sucre (facultatif)	1

INGRÉDIENTS

lotte**

carotte

vin blanc

persil

oignon

crème épaisse

tomates

huile d'olive

farine de blé supérieure

poivre en grains

gousses d'ail

purée de tomates

cognac

bouquet garni

beurre

estragon frais

** ou roussette

DÉROULEMENT

1 PRÉPARER
   LA LOTTE

2 PRÉPARER LE FUMET
   ET LES INGRÉDIENTS
   DE LA SAUCE

3 TERMINER
   LE PLAT

1 PRÉPARER LA LOTTE

2 Enlevez la membrane translucide, en passant le couteau le long de la chair du poisson, et en tirant avec les doigts.

ANN
«La lo...
centra...
latéral...
une fois
enlevé la
membran... ...nslucide,
de lever deux beaux filets
entiers de chaque côté
de l'arête.»

1 Si le poissonnier ne l'a pas fait, pelez la lotte avec le couteau à filets, décollez la peau grise, puis tirez pour l'enlever.

Pour bien détacher
le filet entier,
appuyez la lame
du couteau le
long de l'arête

3 Glissez le couteau le long de l'arête pour lever le premier filet. Procédez de la même façon de l'autre côté. Rincez la lotte sous l'eau froide et séchez-la dans du papier absorbant.

Écartez le filet
de l'arête avec
le bout des doigts

Les filets
se détachent
facilement
de l'arête

Faites des tranches
d'égale épaisseur

5 Détaillez chaque filet en tranches épaisses de 1 cm. Aplatissez légèrement chaque morceau avec le plat du couteau chef.

4 Avec le couteau chef, coupez l'arête en morceaux, et réservez-les pour le court-bouillon.

...ARER LE COURT-BOUILLON ET LES INGRÉDIENTS DE LA SAUCE

1 Épluchez et hachez les oignons. Mettez-en la moitié dans une casserole et ajoutez les morceaux d'arête, le vin, les grains de poivre, le persil et l'eau.

2 Portez doucement à ébullition, puis laissez frémir, à découvert, 20 min. Tamisez le court-bouillon au-dessus d'un bol et laissez refroidir; vous devez en avoir 50 cl environ.

PRÉPARER UN BOUQUET GARNI

Ce mélange d'herbes parfumera un court-bouillon ou une sauce; vous le jetterez en fin de cuisson. Composez-le avec 5 ou 6 brins de persil, 2 ou 3 brins de thym frais et 1 feuille de laurier. Liez-le solidement avec un morceau de ficelle de cuisine, en gardant un bout suffisamment long pour l'attacher à la poignée du récipient.

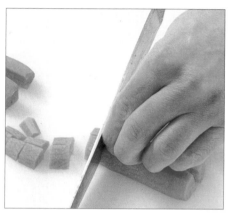

3 Pendant ce temps, épluchez et parez la carotte. Coupez-la en 4 lanières dans le sens de la longueur, puis en morceaux larges de 1 cm. Posez le plat du couteau chef sur chaque gousse d'ail et appuyez avec le poing. Pelez-les et hachez-les finement.

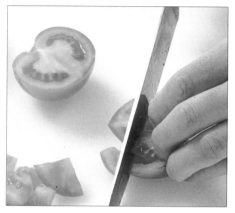

4 Ôtez le pédoncule des tomates, puis coupez-les en deux. Concassez-les grossièrement.

ANNE VOUS DIT
«Il est inutile de peler et d'épépiner les tomates, car vous tamiserez la sauce.»

5 Détachez de leur tige les feuilles d'estragon et rassemblez-les sur la planche à découper. Hachez-les grossièrement et réservez pour la décoration. Gardez les tiges pour parfumer la sauce.

Les herbes parfument les ingrédients

Liez les herbes avec de la ficelle de cuisine

Le couteau chef est parfait pour hacher les herbes

Détachez les feuilles délicatement pour ne pas les flétrir

3 CUIRE LE POISSON; FAIRE LA SAUCE

1 Mettez la farine dans un plat, salez et poivrez. Roulez-y légèrement les morceaux de lotte, en les tapotant pour bien les enrober.

2 Chauffez l'huile et un quart du beurre dans la sauteuse, ajoutez la moitié des morceaux de poisson et faites-les revenir de 2 à 3 min, en les retournant une fois, jusqu'à ce qu'ils soient dorés de tous les côtés. À l'aide de la palette, posez le poisson sur une assiette. Procédez de la même façon pour les autres morceaux.

3 Mettez dans la sauteuse la carotte, l'ail et le reste de l'oignon haché, et faites cuire de 3 à 5 min, jusqu'à ce que les légumes fondent sans se colorer, en grattant bien les sucs du fond à l'aide de la cuiller en bois.

4 Ajoutez les tomates, le vin blanc, le cognac, les tiges d'estragon, du sel, du poivre, et éventuellement une pincée de piment de Cayenne. Attachez le bouquet garni à la poignée de la sauteuse. Versez le court-bouillon. Portez à ébullition et laissez frémir de 15 à 20 min, jusqu'à ce que la sauce épaississe.

Vous retirerez facilement le bouquet garni attaché à la poignée de la sauteuse

5 Passez la sauce à travers le chinois au-dessus d'une grande casserole, en pressant avec la louche pour extraire tout le liquide. Portez à ébullition et laissez réduire de 5 à 10 min.

6 Incorporez la crème épaisse et la purée de tomates, et fouettez jusqu'à ce que la sauce soit colorée uniformément. Rectifiez l'assaisonnement et, s'il est un peu acide, ajoutez une pincée de sucre.

RIZ PILAF

Le riz est d'abord revenu dans de l'huile pour que ses grains ne collent pas. Il est ensuite couvert d'une quantité d'eau qu'il absorbera complètement durant la cuisson. Il reste ainsi tendre et léger.

Remuez le riz pour bien séparer les grains

1 Épluchez et hachez l'oignon. Chauffez l'huile dans une casserole à fond épais, mettez-y l'oignon et faites-le fondre sans se colorer de 1 à 2 min, en remuant.

2 Ajoutez le riz et faites-le revenir de 2 à 3 min, en remuant, jusqu'à ce qu'il soit devenu translucide.

🍴 POUR 4 À 6 PERSONNES

🥣 PRÉPARATION : DE 5 À 10 MIN

🍲 CUISSON : 20 MIN*

LE MARCHÉ

1 oignon moyen
2 cuil. à soupe d'huile végétale
300 g de riz à grains longs
75 cl d'eau
sel et poivre

* plus 10 min de repos

3 Versez l'eau dans la casserole, salez, poivrez, et portez à ébullition.

4 Couvrez, baissez le feu, et laissez mijoter 20 min, jusqu'à ce que le riz ait absorbé tout le liquide. Laissez reposer, couvert, 10 min, puis aérez à l'aide d'une fourchette.

7 Mettez les morceaux de lotte dans la sauce et laissez mijoter de 5 à 10 min, jusqu'à ce que le poisson soit tendre.

La lotte va s'imprégner de la saveur de la sauce

8 Retirez la casserole du feu et ajoutez le reste du beurre, en petits morceaux, en remuant la casserole pour le faire fondre.

🍴 POUR SERVIR

Disposez la lotte sur des assiettes chaudes et parsemez d'estragon haché. Accompagnez de riz pilaf.

Les tranches de lotte sont délicieusement tendres

MORUE À L'AMÉRICAINE

1 Faites tremper 750 g de morue 1 ou 2 jours dans de l'eau froide, que vous changerez plusieurs fois. Égouttez-la et mettez-la dans une grande casserole d'eau froide, couvrez et portez à ébullition. Laissez frémir de 8 à 10 min, jusqu'à ce que le poisson soit tendre. Égouttez et laissez tiédir. Émiettez la morue avec une fourchette; ôtez les arêtes et la peau.

2 Préparez la sauce américaine; n'utilisez pas d'estragon. Pelez et épépinez les tomates avant de les concasser; ôtez leur pédoncule, retournez-les et entaillez-les en croix. Mettez-les dans l'eau bouillante de 8 à 15 s : la peau se décolle en frisant au niveau de la croix. Plongez-les dans un bol d'eau fraîche. Quand elles ont refroidi, pelez-les. Coupez-les en deux et concassez-les. Terminez la sauce en suivant la recette principale, mais ne la passez pas. Jetez le bouquet garni.

3 Préparez un riz pilaf (voir encadré p. 74).

4 Ajoutez la morue émiettée à la sauce et cuisez de 5 à 10 min.

5 Mettez le riz pilaf dans 6 ramequins beurrés, laissez reposer 2 min, puis démoulez sur des assiettes chaudes. Disposez à côté la morue et la sauce. Décorez de tiges d'aneth frais.

SAVOIR S'ORGANISER

Vous pouvez préparer la lotte et la sauce 24 h à l'avance, et les conserver, couvertes, au réfrigérateur. Réchauffez dans le haut du four, mais pas trop longtemps, car le poisson durcirait.

TURBANS DE SOLE À LA MOUSSE DE CHAMPIGNONS SAUVAGES

🍴 POUR 4 PERSONNES   🥣 PRÉPARATION : DE 20 À 25 MIN*   🍲 CUISSON : DE 35 À 45 MIN

ÉQUIPEMENT

couteau chef

couteau à filets

couteau d'office

robot ménager**

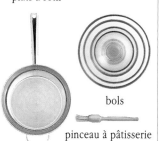

moule à soufflé
de 18 cm
de diamètre

plats à rôtir

bols

pinceau à pâtisserie

poêles

poche à douille et
grand embout***

planche à découper

palette

piques
en bois

cuiller en bois

fouet

papier
absorbant

aluminium ménager

spatule en caoutchouc

** ou mixeur
*** ou embout étoilé

Les filets de sole s'enroulent en turbans pour accueillir une mousse de champignons. Achetez des champignons des bois ou des prés : ils sont beaucoup plus parfumés que ceux dits de couche.

SAVOIR S'ORGANISER

Vous pouvez préparer la mousse 24 h à l'avance et la conserver au réfrigérateur. Cuisez les turbans de poisson au dernier moment.

* plus 1 h de réfrigération

INGRÉDIENTS

filets de sole entiers****

shiitakes
frais

crème
épaisse

beurre

vin blanc
sec

madère

œuf

jaune d'œuf

coriandre fraîche

**** ou filets de carrelet
ou de turbot

métrique	LE MARCHÉ	impérial
6	filets de sole entiers, soit 500 g (1 lb) environ, sans la peau	6
125 ml	vin blanc sec	1/2 tasse
3-5	brins de coriandre fraîche, et un peu pour la décoration	3-5
125 g	beurre bien froid	4.5 oz
	Pour la mousse	
150 g	champignons frais, ou 30 g (1 oz) de champignons séchés	5 oz
2-3	brins de coriandre fraîche	2-3
30 g	beurre, et un peu pour les plats et l'aluminium	1 oz
	sel et poivre	
1	œuf	1
1	jaune d'œuf	1
15 ml	madère	1 cuil. à soupe
125 ml	crème épaisse	1/2 tasse

DÉROULEMENT

1 PRÉPARER
LA MOUSSE

2 PRÉPARER ET CUIRE
LES TURBANS

3 PRÉPARER
LA SAUCE

1 PRÉPARER LA MOUSSE DE CHAMPIGNONS SAUVAGES

1 Nettoyez les champignons avec du papier absorbant humide, et raccourcissez les pieds à l'aide du couteau d'office. Détaillez les champignons en tranches moyennes. Détachez de leur tige les feuilles de coriandre et hachez-les grossièrement.

ANNE VOUS DIT

«Si vous utilisez des champignons séchés, laissez-les gonfler 30 min dans un bol d'eau froide. Égouttez-les et cuisinez-les comme les frais.»

Maintenez les chapeaux avec les doigts

Posez les champignons sur leur pied pour les couper

2 Chauffez le beurre dans une poêle moyenne. Ajoutez les champignons, salez et poivrez. Cuisez de 3 à 5 min en remuant sans arrêt, jusqu'à ce que tout le liquide se soit évaporé. Retirez du feu et laissez refroidir.

Versez le mélange dans un bol pour le mettre au frais

3 Mettez les champignons dans le robot ménager et faites-le tourner. Versez l'œuf entier et le jaune d'œuf dans le cylindre. Réduisez le tout en une mousse lisse. Ajoutez le madère et la coriandre hachée et mixez quelques secondes.

4 Salez et poivrez, mixez 2 s, et versez la purée dans un bol. Couvrez et mettez au réfrigérateur pour 1 h. Incorporez alors la crème.

Raclez les parois
du bol avec
la spatule
en caoutchouc

La mousse
de champignons
n'attachera pas
dans le moule
beurré

5 Préchauffez le four à 190 °C. Beurrez
le moule à soufflé avec le pinceau
à pâtisserie.

6 À l'aide de
la spatule en
caoutchouc, versez
la mousse bien froide
dans le moule
à soufflé.

Versez l'eau chaude
doucement pour
qu'elle n'éclabousse
pas la mousse

L'eau doit venir
à mi-hauteur du moule
pour que la mousse
cuise uniformément

7 Posez le moule
à soufflé dans un plat
à rôtir. Versez de l'eau
chaude jusqu'à mi-
hauteur du moule.

8 Enfournez pour 20 à 25 min. Vérifiez
avec le doigt que la mousse est prise.
Goûtez et rectifiez l'assaisonnement.
Retirez le moule du plat; laissez refroidir.
Réduisez la température du four à 180 °C.

2 PRÉPARER ET CUIRE LES TURBANS DE SOLE

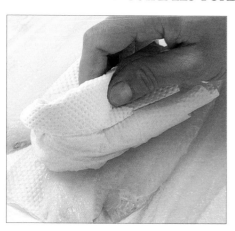

1 Rincez les filets de sole sous l'eau froide. Posez-les sur du papier absorbant et séchez-les délicatement.

2 À l'aide du couteau à filets, ouvrez chaque filet en deux dans le sens de la longueur.

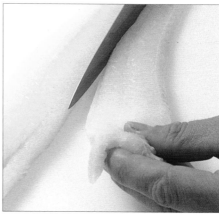

Les piques en bois maintiennent les turbans

Les demi-filets feront des turbans réguliers

3 Enroulez chaque demi-filet en anneau, queue vers l'extérieur. Maintenez-les avec des piques en bois. Enduisez un plat de beurre et disposez-y les turbans de sole.

4 Repliez sur votre main la poche à douille équipée de l'embout large, éventuellement étoilé. Remplissez-la de mousse de champignons.

5 Remontez le haut de la poche, tortillez-le, puis garnissez de mousse le centre de tous les anneaux.

6 Versez doucement le vin blanc dans le plat, autour des turbans.

Le vin blanc empêche le poisson de se dessécher

7 Beurrez une feuille d'aluminium et couvrez-en le plat.

Le jus de cuisson est indispensable pour la sauce

8 Enfournez pour 15 à 20 min, jusqu'à ce que le poisson soit devenu blanc et opaque et que la mousse soit ferme sous le doigt.

9 Disposez les turbans de sole sur un plat de service et réservez le liquide de cuisson. Retirez les piques en bois. Gardez au chaud.

3 PRÉPARER LA SAUCE À LA CORIANDRE

1 Détachez de leur tige les feuilles de coriandre. Réservez-en 12 pour la décoration et rassemblez les autres sur la planche à découper. Hachez-les finement.

2 À l'aide du couteau d'office, coupez le beurre bien froid en petits morceaux réguliers.

3 Versez le liquide de cuisson du poisson dans une petite poêle. Portez à ébullition et laissez réduire : il ne doit en rester que 2 cuil. à soupe.

Ajoutez le beurre
morceau par
morceau

4 Retirez du feu, et ajoutez le beurre
petit à petit, en fouettant sans arrêt, et
en remuant la poêle sur le feu : la sauce
va épaissir et devenir crémeuse.

La sauce à la coriandre
donne couleur et parfum
aux turbans de sole

5 Ajoutez la coriandre hachée et
fouettez. Rectifiez l'assaisonnement.

⑪ POUR SERVIR
Versez la sauce à la coriandre sur
les turbans de sole.
Décorez de
coriandre
fraîche.

TURBANS DE PLIE À LA MOUSSE D'ÉPINARDS

*Ces turbans sont garnis
d'une mousse d'épinards
et accompagnés d'une sauce
au beurre et à la tomate.*

1 Ôtez les tiges de 750 g d'épinards
frais ; lavez soigneusement les feuilles.
Remplissez d'eau une grande casserole,
salez, portez à ébullition et faites
blanchir les épinards 1 min. Égouttez
dans une passoire, rincez à l'eau froide,
et pressez pour éliminer toute l'eau.
2 Préparez la mousse en suivant
la recette principale, mais sans le madère
et en remplaçant les champignons par
les épinards. Ajoutez une pincée
de coriandre en poudre.
3 Préparez les turbans avec 6 filets
de carrelet, soit 500 g environ.
4 Cuisez au four la mousse
d'épinards et remplissez-en
les anneaux de poisson.
5 Préparez la sauce, mais
n'utilisez pas la coriandre fraîche.
Lorsque vous avez incorporé
la totalité du beurre, ajoutez
1 cuil. à soupe de purée
de tomates et fouettez.
6 Disposez les turbans de carrelet
sur des assiettes chaudes ; entourez-
les de sauce. Accompagnez de
pommes de terre nouvelles sautées.

TERRINE AUX DEUX POISSONS ET SAUCE AU GINGEMBRE

🍴 POUR 8 PERSONNES ⏲ PRÉPARATION : DE 30 À 35 MIN ♨ CUISSON : DE 1 H 15 À 1 H 30

ÉQUIPEMENT

terrine de 30 x 8,5 cm avec couvercle

cuiller percée

couteau d'office*

brochette en inox

spatule en caoutchouc

casseroles

passoire en toile métallique

fouet

couteau éplucheur

presse-agrumes

cuiller en bois

couteau chef

couteau à filets

robot ménager

pinceau à pâtisserie

plat à rôtir

bols

papier absorbant

*ou pince à épiler

Dans cette terrine, les filets de sole entourent une mousse de saumon. Accompagnée d'une sauce au beurre toute simple, parfumée au gingembre et au citron, elle est servie avec des asperges croquantes.

SAVOIR S'ORGANISER

Vous pouvez préparer la terrine 24 h à l'avance et la conserver, couverte, au réfrigérateur. Réchauffez-la au bain-marie dans le haut du four de 10 à 15 min avant de servir. Préparez la sauce au dernier moment.

métrique	LE MARCHÉ	impérial
750 g	filet de saumon frais	1 1/2 lb
3	blancs d'œufs	3
	sel et poivre	
375 ml	crème	1 1/2 tasse
4	filets de sole entiers	4
	beurre pour la terrine	
2	tranches de saumon fumé, soit 90 g (3 oz) environ	2
	Pour la sauce	
3-5	brins de persil	3-5
1	morceau de racine de gingembre fraîche de 2,5 cm	1
1	citron	1
1	citron vert	1
45 ml	crème épaisse	3 cuil. à soupe
175 g	beurre doux bien froid	6 oz

INGRÉDIENTS

filet de saumon frais**

filets de sole   saumon fumé

citron

racine de gingembre fraîche

persil

citron vert

beurre doux

blancs d'œufs   crème

** ou carrelet ou truite saumonée

DÉROULEMENT

1 PRÉPARER LA MOUSSELINE DE SAUMON

2 ASSEMBLER ET CUIRE LA TERRINE

3 PRÉPARER LA SAUCE

1 PRÉPARER LA MOUSSELINE DE SAUMON

1 Avec le couteau d'office, soulevez les arêtes du saumon. Pincez-les entre la lame et votre pouce et retirez-les.

2 Si le poissonnier ne l'a pas fait, ôtez la peau des filets. Rincez le saumon à l'eau froide et séchez-le, puis coupez-le en morceaux.

ANNE VOUS DIT

«Pour peler le saumon, posez-le côté peau vers le bas et, en tenant la queue, glissez le couteau entre la chair et la peau tout le long du filet.»

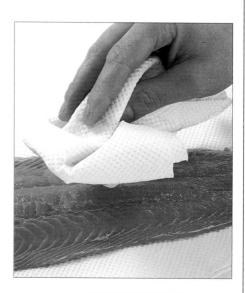

3 Mettez les morceaux de saumon dans le robot ménager. Réduisez-les en purée lisse en raclant les parois du bol avec la spatule en caoutchouc.

ATTENTION !

Ne mixez pas trop le poisson, car il deviendrait collant à la cuisson.

4 Ajoutez petit à petit les blancs d'œufs par le cylindre. Mixez de 1 à 2 min, en raclant les parois, jusqu'à ce que le mélange soit lisse. Salez, poivrez et mixez 2 s encore. Versez dans un bol.

Les blancs d'œufs lient la mousseline et la rendent onctueuse

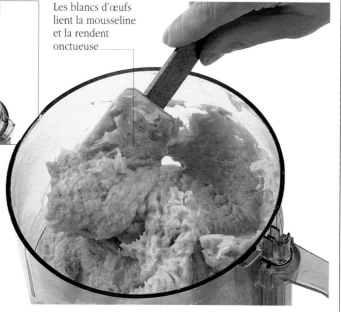

Versez la crème très progressivement

5 Posez le bol dans un bol plus grand rempli de glaçons. Incorporez la crème petit à petit en battant avec la cuiller en bois.

ANNE VOUS DIT

«Remuez la préparation à la main : le robot ménager risquerait de la défaire.»

6 Remplissez une petite casserole d'eau et portez à ébullition. Mettez-y 1 cuil. à café de mousseline et cuisez de 2 à 3 min, jusqu'à ce qu'elle soit ferme et blanchisse. Goûtez et rectifiez l'assaisonnement. Couvrez le bol et mettez au réfrigérateur.

2 ASSEMBLER ET CUIRE LA TERRINE

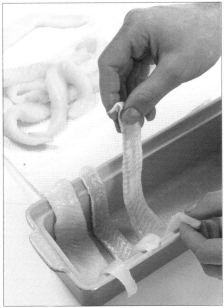

La sole et le saumon fumé forment un joli contraste dans les tranches de terrine

1 Préchauffez le four à 180 °C. Si le poissonnier ne l'a pas fait, pelez les filets de sole. Rincez-les sous l'eau froide et séchez-les, puis coupez-les en deux dans le sens de la longueur. Beurrez la terrine à l'aide du pinceau à pâtisserie.

2 Tapissez la terrine avec 6 morceaux de filets de sole, côté chair vers l'intérieur.

ANNE VOUS DIT

«Laissez entre les morceaux de sole des espaces qui laisseront voir la mousseline de saumon.»

3 Enveloppez les autres morceaux de sole dans les tranches de saumon fumé, en repliant bien les bords.

4 Mettez 1/3 de la mousseline dans la terrine et étendez-la régulièrement avec la spatule.

Tassez légèrement la mousseline pour qu'il ne reste pas de trous

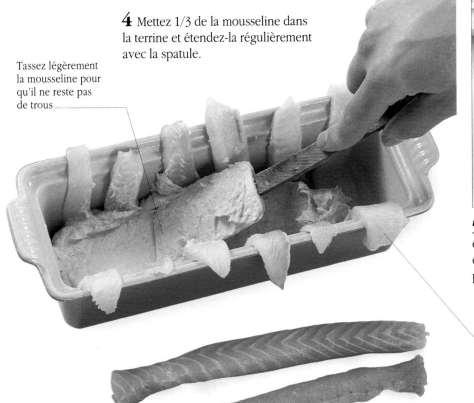

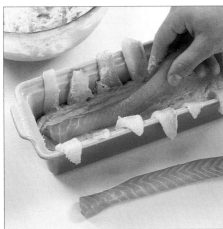

5 Posez le premier rouleau de sole et de saumon fumé. Recouvrez-le d'un deuxième tiers de mousseline, puis posez le second cylindre.

Le bout des filets de sole sera rabattu sur la terrine

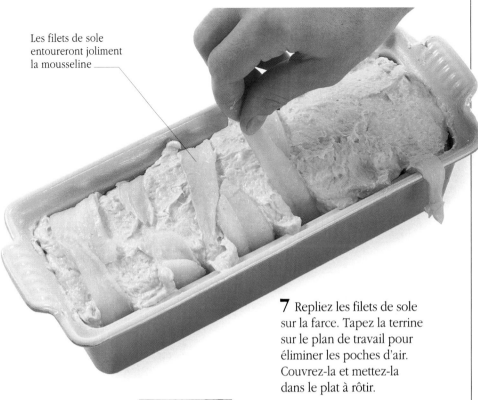

Les filets de sole
entoureront joliment
la mousseline

6 Recouvrez avec le reste de la
mousseline. À l'aide de la spatule
en caoutchouc, pressez bien la farce
dans la terrine et lissez sa surface.

7 Repliez les filets de sole
sur la farce. Tapez la terrine
sur le plan de travail pour
éliminer les poches d'air.
Couvrez-la et mettez-la
dans le plat à rôtir.

8 Versez de l'eau
chaude dans
le plat jusqu'à
mi-hauteur de
la terrine. Portez
à légère ébullition,
puis enfournez
pour 1 h 15
à 1 h 30.

L'eau doit arriver
à mi-hauteur
de la terrine

Dans le bain-marie,
la terrine cuit
uniformément

9 Assurez-vous que la mousse est cuite
en y enfonçant la brochette en inox :
elle doit ressortir chaude. Sortez la terrine
du four et laissez reposer de 5 à 10 min
pendant que vous préparez la sauce.

ANNE VOUS DIT
«Vous pouvez enfoncer la brochette
par le trou du couvercle.»

3 PRÉPARER LA SAUCE AU GINGEMBRE ET AU CITRON

Tirez délicatement
sur les feuilles
avec les doigts

Gardez les tiges
pour parfumer
un court-bouillon ou pour
composer un bouquet garni

1 Détachez de leur tige les feuilles
de persil. À l'aide du couteau chef,
hachez-les finement. Épluchez le
gingembre et hachez-le finement
(voir encadré en bas à gauche).

2 À l'aide du couteau éplucheur,
prélevez le zeste du citron. Émincez-le
finement. Pressez le fruit et réservez le jus.
Pressez le citron vert et réservez le jus.

ÉPLUCHER ET HACHER DU GINGEMBRE FRAIS

*Il est important de hacher
le gingembre finement pour
libérer tout son arôme.*

1 Avec un couteau d'office, épluchez
la racine de gingembre. À l'aide d'un
couteau chef, émincez-la en coupant
à travers les fibres. Posez le plat
du couteau sur chaque tranche et
écrasez-la en appuyant avec le poing.

2 Hachez les tranches de gingembre
aussi finement que possible.

Le zeste blanchi perd
son amertume

3 Remplissez d'eau une petite casserole
et portez à ébullition. Mettez-y le zeste
de citron émincé et faites-le blanchir
2 min. Égouttez et réservez.

4 Dans une petite casserole à fond épais,
portez à ébullition le gingembre et le jus
de citron jaune et faites réduire 1 min.
Ajoutez la crème et laissez frémir 2 min :
il doit rester 2 cuil. à soupe du mélange.
Coupez le beurre en petits morceaux.

5 Retirez la casserole du feu et ajoutez
le beurre petit à petit, en fouettant sans
arrêt et en remuant la casserole sur le feu.
La sauce épaissit et devient crémeuse,
mais le beurre ne doit pas se transformer
en huile.

Le jus
de citron
vert relève
la sauce

6 Ajoutez à la sauce le persil, le zeste de citron et le jus de citron vert. Mélangez en fouettant.

7 En tenant fermement le couvercle, inclinez la terrine au-dessus de la casserole pour verser 2 cuil. à soupe environ de liquide de cuisson; jetez le reste. Mélangez en fouettant, goûtez et rectifiez l'assaisonnement.

🍽 POUR SERVIR

Démoulez la terrine. Coupez des tranches de 2 cm d'épaisseur. Nappez des assiettes chaudes d'un lit de sauce et posez-y une tranche entourée de sole et une tranche sans sole.

Les tranches de mousseline laissent voir les anneaux de sole et de saumon fumé

Des asperges vertes décorées de zeste de citron sont un accompagnement idéal

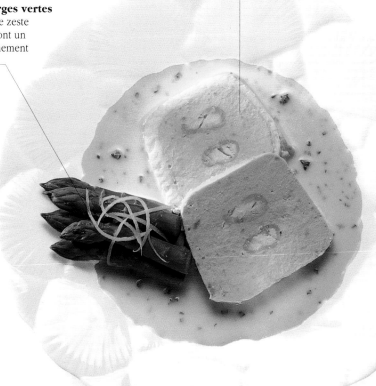

V A R I A N T E

PETITES TERRINES DE POISSON

Ici, les terrines cuisent dans 4 ramequins individuels, tapissés de tranches de saumon et remplis d'une mousseline de sole ou de merlan.

1 Beurrez 4 petits ramequins. Préparez 400 g de filet de saumon en suivant la recette principale. En tenant le poisson et en travaillant avec un couteau à filets vers la queue, détaillez en biais des tranches épaisses de 3 mm, puis coupez-les en deux. Tapissez-en les ramequins en les laissant dépasser.

2 Préparez la mousseline en suivant la recette principale, en remplaçant le saumon par 500 g de filets de sole ou de merlan. N'utilisez pas de saumon fumé.

3 À l'aide d'une cuiller, versez la mousseline dans les ramequins, en pressant bien la farce et en lissant la surface. Repliez les tranches de saumon et disposez les morceaux restants sur le dessus des terrines.

4 Couvrez chaque ramequin d'un petit cercle de papier beurré et cuisez au bain-marie dans le four de 30 à 40 min.

5 Préparez la sauce au gingembre et au citron, mais réservez les zestes pour la décoration.

6 Démoulez les ramequins sur des assiettes chaudes et versez la sauce autour. Décorez de zestes de citron et éventuellement de persil et de morceaux de citron vert.

BOUILLABAISSE

ÉQUIPEMENT

fouet

couteau d'office

couteau chef

couteau éplucheur

bols

grande cocotte

chinois

cuiller percée

louche

cuiller en bois

passoire

casseroles

papier absorbant

ficelle de cuisine

aluminium ménager

planche à découper

Les puristes affirment que la seule vraie bouillabaisse ne se cuisine qu'à Marseille. Vous pouvez cependant la préparer avec les poissons que vous trouverez — poissons maigres tels que cabillaud, églefin, colin, rouget, grondin, merlan, et poissons gras tels que anguille, maquereau, hareng...

* plus 1 à 2 h de marinage

métrique	LE MARCHÉ	impérial
1,4 kg	poissons maigres mélangés, vidés, avec les arêtes et la tête	3 lb
1 kg	poissons gras mélangés, vidés, écaillés, avec les arêtes	2.2 lb
2	bonnes pincées de filaments de safran	2
5-6	gousses d'ail	5-6
150 ml	huile d'olive	2/3 tasse
2	oignons moyens	2
2	poireaux moyens	2
2	branches de céleri	2
1	bulbe de fenouil ou 1 cuil. à thé de graines de fenouil séchées	1
500 g	tomates	1.1 lb
1	orange	1
10-12	brins de persil	10-12
1	bouquet garni composé de 5 ou 6 brins de persil, 2 ou 3 brins de thym et 1 feuille de laurier	1
15 ml	purée de tomates	1 cuil. à soupe
15 ml	pastis	1 cuil. à soupe
	sel et poivre	
	croûtons (voir encadré p. 89) et rouille (voir encadré p. 92)	

INGRÉDIENTS

poissons blancs mélangés   tomates

poireaux

poissons gras mélangés

gousses d'ail

huile d'olive

bulbe de fenouil

bouquet garni

oignons

pastis

persil

orange

purée de tomates

céleri

safran en filaments

ANNE VOUS DIT
«Votre poissonnier parera les poissons.»

DÉROULEMENT

1 PRÉPARER LE POISSON, LA MARINADE ET LE COURT-BOUILLON

2 PRÉPARER LE BOUILLON

3 TERMINER LE PLAT

1 PRÉPARER LE POISSON, LA MARINADE ET LE COURT-BOUILLON

Le safran colore de jaune la marinade

1 Rincez les poissons à l'intérieur et à l'extérieur et séchez-les dans du papier absorbant. En séparant bien les poissons maigres des gras, coupez-les tous en morceaux de 5 cm. Réservez les têtes, les queues et les arêtes pour le court-bouillon.

ANNE VOUS DIT

«Rincez bien les têtes de poisson pour en ôter tout le sang, qui donnerait un goût amer au court-bouillon.»

2 Préparez la marinade : mettez une bonne pincée de filaments de safran dans un petit bol et ajoutez 2 cuil. à soupe d'eau bouillante; laissez tremper 10 min. Pendant ce temps, épluchez et hachez finement 2 gousses d'ail (voir encadré p. 91). Dans un bol, mélangez le safran, son infusion, l'ail haché et 3 cuil. à soupe d'huile d'olive.

3 Mettez les morceaux de poisson maigre dans un grand bol, ceux de poisson gras dans un autre. Arrosez-les chacun avec la moitié de la marinade.

PRÉPARER DES CROÛTONS

Pas de bouillabaisse sans croûtons ! Les tranches de pain, assez grandes, sont légèrement badigeonnées d'huile d'olive et grillées au four jusqu'à ce qu'elles soient dorées et croustillantes.

Les croûtons doivent être dorés et craquants

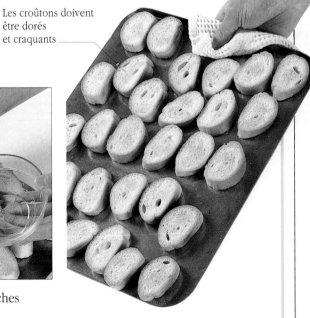

1 Préchauffez le four à 180 °C. Coupez une baguette en rondelles; mettez-les sur une plaque à pâtisserie.

2 Enduisez légèrement les tranches d'huile d'olive (3 cuil. à soupe), des deux côtés.

3 Faites griller au four de 10 à 12 min.

4 Remuez le poisson
pour bien l'enrober
de marinade. Couvrez
et mettez au réfrigérateur
pour 1 à 2 h.

La marinade doit
parfumer tous
les morceaux

Séparez les poissons
maigres des gras,
car ils ne cuisent
pas à la même vitesse

5 Préparez le court-bouillon : mettez
les têtes, les queues et les arêtes dans
une grande casserole, couvrez d'eau et
portez à ébullition. Laissez frémir 20 min.

6 Filtrez le court-bouillon à travers
le chinois au-dessus d'un bol et réservez.

2 PRÉPARER LE BOUILLON

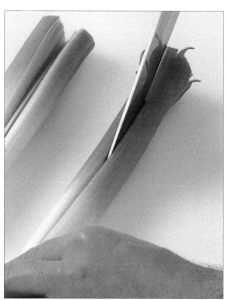

Utilisez le blanc
mais aussi
le vert pâle
du poireau

1 Épluchez les oignons, sans ôter
leur base, et coupez-les en deux.
Posez les moitiés à plat sur la planche
à découper et émincez-les finement.

2 Parez les poireaux, en enlevant
les racines et le vert. Fendez-les
en long et lavez-les soigneusement
sous l'eau courante.

3 Avec le couteau chef, détaillez
les poireaux en fines rondelles.

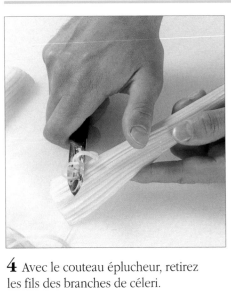

4 Avec le couteau éplucheur, retirez les fils des branches de céleri.

5 Ôtez les extrémités du céleri et émincez-le finement.

Le céleri émincé finement parfumera davantage le plat

Une fois les fils ôtés, le céleri se coupe facilement

6 Retirez la base et les feuilles vertes du fenouil.

7 Divisez le bulbe en deux, puis émincez-le finement.

PELER ET HACHER DE L'AIL

La force de l'ail varie avec son âge et son degré de sécheresse. Mettez-en davantage s'il est très frais.

1 Écrasez le bulbe avec le plat de la main pour séparer les gousses. Vous pouvez aussi les sortir une à une avec les doigts. Posez le plat d'un couteau chef sur une gousse et appuyez avec le poing.

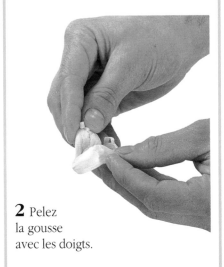

2 Pelez la gousse avec les doigts.

3 Posez le plat du couteau au sommet de la gousse et appuyez fermement. Hachez-la finement en basculant la lame d'avant en arrière.

8 Retirez le pédoncule des tomates, retournez-les et entaillez-les en croix. Mettez-les dans une casserole d'eau bouillante de 8 à 15 sec. Sortez-les à l'aide de la cuiller percée et plongez-les dans un bol d'eau fraîche. Quand elles ont refroidi, ôtez la peau. Coupez-les en deux et épépinez-les; concassez-les grossièrement.

Plus les tomates sont rouges, plus elles ont de saveur

9 Avec le couteau éplucheur, prélevez une grande bande de zeste d'orange. Épluchez et hachez le reste de l'ail.

ROUILLE MINUTE

Dans cette version rapide de la rouille, il suffit d'ajouter à de la mayonnaise toute prête de la purée de tomates, de l'ail et du piment.

🍽 POUR 8 À 10 PERSONNES

🥣 PRÉPARATION : 10 MIN

LE MARCHÉ

1 petit piment rouge frais
4 gousses d'ail, ou plus selon votre goût
sel et poivre
20 cl de mayonnaise en pot
1 cuil. à café de purée de tomates
piment de Cayenne (facultatif)

La purée de tomates donne à la mayonnaise une teinte orangée

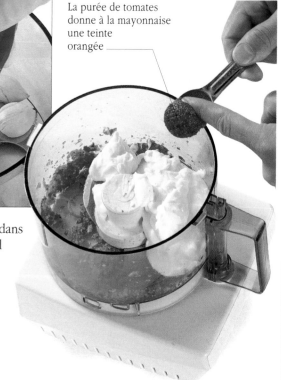

1 Coupez le piment en deux dans le sens de la longueur; ôtez son pédoncule. Grattez les graines et les membranes blanches. Pelez les gousses d'ail.

ATTENTION !
Enfilez des gants en caoutchouc quand vous préparez un piment, car il peut brûler la peau.

2 Mettez les moitiés de piment dans le robot ménager avec l'ail, le sel et le poivre, et hachez finement.

3 Ajoutez la mayonnaise et la purée de tomates; mixez jusqu'à ce que le mélange soit lisse. Rectifiez l'assaisonnement et ajoutez un peu du piment de Cayenne. Réservez au frais.

10 Détachez de leur tige les feuilles de persil et rassemblez-les sur la planche à découper.

11 Hachez-les grossièrement. Faites tremper le reste des filaments de safran 10 min dans 5 cl d'eau bouillante.

12 Chauffez le reste d'huile dans la cocotte. Mettez-y les oignons, les poireaux, le céleri et le fenouil, et faites-les revenir de 5 à 7 min en remuant.

13 Ajoutez dans la cocotte les tomates, le zeste d'orange, l'ail et le persil hachés.

14 Attachez le bouquet garni à la poignée de la cocotte. Versez le court-bouillon de poisson. Ajoutez le safran et son infusion, salez, poivrez et portez à ébullition.

Tous les arômes des légumes se mêlent dans la cocotte

Le persil apporte une fraîcheur indispensable

15 Laissez mijoter le bouillon de 30 à 40 min, jusqu'à ce qu'il épaississe, en remuant de temps en temps.

3 TERMINER LA BOUILLABAISSE

1 Portez le bouillon à bonne ébullition. Ajoutez les morceaux de poisson gras et cuisez 7 min à feu vif. Remuez la casserole de temps à autre pour que les ingrédients n'attachent pas; ne remuez pas, le poisson se déferait.

ANNE VOUS DIT
«Le liquide ne doit pas cesser de bouillir pour que l'huile s'incorpore bien, sans rester à la surface.»

Mettez d'abord les poissons gras, car ils cuisent plus lentement

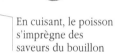
En cuisant, le poisson s'imprègne des saveurs du bouillon

2 Ajoutez dans la cocotte les morceaux de poisson maigre, en mettant les plus fragiles au-dessus.

4 À l'aide de l'écumoire, disposez le poisson sur un plat de service chaud, en alternant les différents morceaux. Réservez au chaud sous de l'aluminium ménager.

3 Laissez mijoter de 5 à 8 min, jusqu'à ce que le poisson s'émiette facilement sous les dents d'une fourchette. Ajoutez éventuellement de l'eau en cours de cuisson pour que tous les ingrédients restent couverts.

Manipulez le poisson avec précaution

5 Jetez le bouquet garni et le zeste d'orange, ajoutez la purée de tomates et le pastis au bouillon et fouettez. Rectifiez l'assaisonnement.

†O† POUR SERVIR
Versez le bouillon dans une soupière et servez aussitôt. Proposez les croûtons et la rouille à part.

Poissons et bouillon
sont servis à part; chaque convive choisira

VARIANTE
BOUILLABAISSE CRÉOLE

Ce sont les crustacés, huîtres et grosses crevettes, qui, ajoutés aux poissons maigres et gras, donnent sa saveur créole à cette version américaine de la bouillabaisse, venue de Louisiane. Les croûtons sont frottés d'ail.

1 Préparez les croûtons (voir encadré p. 89), en frottant d'ail les tranches de baguette avant de les faire griller.
2 Apprêtez les poissons et faites-les mariner en suivant la recette principale. Décortiquez 500 g de grosses crevettes. Émincez la partie verte de 3 oignons nouveaux.
3 Préparez le bouillon en suivant la recette principale, mais sans le persil. Ajoutez 1 cuil. à café de piment de Cayenne et 1 cuil. à café de thym séché en même temps que le zeste d'orange.
4 Cuisez la bouillabaisse en commençant par les poissons gras et en ajoutant les crevettes, les oignons et une douzaine d'huîtres découquillées avec leur eau en même temps que les poissons maigres.
5 Servez le poisson et le bouillon ensemble dans des assiettes à soupe, accompagnés des croûtons aillés. Décorez éventuellement d'une huître dans sa coquille.

La rouille
se sert à volonté

SAVOIR S'ORGANISER
Vous pouvez préparez le bouillon de la bouillabaisse 8 jours à l'avance et le conserver au réfrigérateur. Cuisez le poisson au dernier moment.

Truites sautées aux noisettes

 Pour 4 personnes   Préparation : de 20 à 25 min   Cuisson : de 10 à 15 min

Équipement

 palette

 couteau d'office

 ciseaux de cuisine

 couteau chef

poêle
à poisson ovale*

 cuiller en bois

papier absorbant

aluminium ménager

plaque à pâtisserie

planche à découper

Dans cette recette rapide, les truites sont légèrement enrobées de farine avant d'être sautées au beurre et garnies d'un mélange de noisettes grillées et de persil haché. De fines tranches de citron leur apportent un petit goût frais. Un riz pilaf parfumé (recette p. 74) accompagnera parfaitement cette nouvelle version de la classique truite aux amandes.

Savoir s'organiser

Les truites aux noisettes sont toujours meilleures quand elles sont préparées au dernier moment.

Ingrédients

 truite**

 noisettes   beurre

 persil

 farine de blé supérieure

 citrons

** ou maquereau ou rouget barbet

Anne vous dit

«Demandez à votre poissonnier de vider le poisson par les ouïes et non par le ventre pour qu'il ne se défasse pas. Vous pouvez aussi le faire vous-même (voir encadré p. 113).»

Déroulement

1 Préparer
les truites

2 Préparer
la garniture

3 Terminer
le plat

métrique	Le marché	impérial
4	truites de 300 g (10 oz) environ chacune, vidées et écaillées	4
60 g	noisettes	2 oz
5-7	brins de persil	5-7
2	citrons	2
30 g	farine de blé supérieure	1 oz
	sel et poivre	
125 g	beurre	4.5 oz

* ou grande poêle

96

1 PRÉPARER LES TRUITES

Coupez les queues en V : la présentation sera plus attrayante

Enlevez les nageoires avec des ciseaux

1 Coupez les nageoires des truites et incisez les queues en V. Rincez les poissons à l'intérieur et à l'extérieur, et séchez-les dans du papier absorbant.

2 PRÉPARER LA GARNITURE

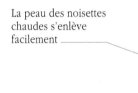

La peau des noisettes chaudes s'enlève facilement

Les noisettes accompagnent agréablement les truites

1 Préchauffez le four à 180 °C. Étalez les noisettes sur la plaque à pâtisserie et faites-les griller de 8 à 10 min. Pendant qu'elles sont encore chaudes, frottez-les dans un torchon pour en enlever la peau.

2 À l'aide du couteau chef, hachez grossièrement les noisettes grillées.

3 Détachez de leur tige les feuilles de persil et rassemblez-les sur la planche à découper. Hachez-les grossièrement avec le couteau chef.

4 Ôtez les extrémités de l'un des citrons, coupez-le en deux dans le sens de la longueur et détaillez-le finement en demi-lunes, en gardant la peau.

5 Pelez le second citron (voir encadré p. 98, étape 1). Coupez-le en fines rondelles. Enlevez tous les pépins.

PELER ET DÉCOUPER UN CITRON

Cette méthode permet de prélever des quartiers de pulpe.

1 Ôtez les extrémités du citron. Posez le fruit debout et enlevez l'écorce et la peau blanche en suivant la courbure du fruit.

2 En tenant le citron entre les doigts, glissez un couteau le long d'un quartier, entre la chair et la peau. Procédez de la même façon de l'autre côté. Retirez le quartier de pulpe. Enlevez les pépins.

ANNE VOUS DIT

«Découpez le citron au-dessus d'un bol pour recueillir le jus.»

3 CUIRE LES TRUITES; TERMINER LE PLAT

1 Versez la farine dans un grand plat, salez et poivrez. Roulez-y les truites en les tapotant pour bien les enrober.

3 À l'aide de la palette, retournez les truites et poursuivez la cuisson à feu doux.

2 Chauffez la moitié du beurre dans la poêle à poisson. Quand il grésille, mettez-y 2 truites et faites-les revenir de 2 à 3 min sur feu moyen.

Retournez les poissons doucement pour ne pas faire éclater la peau

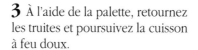

4 Au bout de 3 à 5 min, les truites sont cuites : leur peau est bien grillée et leur chair se détache facilement sous les dents d'une fourchette. Réservez-les sur un plat chaud, et couvrez-les d'aluminium ménager.

ANNE VOUS DIT

«Pour vérifier la cuisson des truites, piquez-les près de la tête, là où la chair est la plus épaisse.»

5 Cuisez les 2 autres truites dans le reste du beurre. Réservez-les au chaud sous l'aluminium ménager.

6 Mettez les noisettes dans la poêle et faites-les revenir à feu moyen de 3 à 4 min, en remuant sans arrêt.

7 Ajoutez les 3/4 du persil et mélangez avec les noisettes et le beurre.

V A R I A N T E

TRUITES SAUTÉES AUX CÂPRES, AU CITRON ET AUX CROÛTONS

Les truites sont ici accompagnées de petits croûtons et d'une garniture relevée.

1 Épluchez et découpez 3 citrons (voir encadré p. 98). Détaillez les quartiers en 3 ou 4 morceaux et mélangez-les délicatement avec 2 cuil. à soupe de câpres.
2 Ôtez la croûte de 2 tranches de pain de campagne. Coupez le pain en petits cubes à peu près de même taille que les câpres.
3 Préparez les truites et faites-les revenir dans 60 g de beurre en suivant la recette principale. Réservez-les sur un plat chaud, couvertes d'aluminium ménager.
4 Nettoyez la poêle. Chauffez 75 g de beurre et faites frire les petits cubes de pain de 1 à 2 min.
5 Ajoutez les câpres et les morceaux de citron, salez, poivrez, et mélangez bien.
6 Versez le mélange sur les truites. Décorez avec les demi-lunes de citron et quelques brins de persil. Servez aussitôt.

Le beurre noisette renforce la saveur des fruits secs

🍽 **POUR SERVIR**
Disposez les truites sur des assiettes chaudes et parsemez-les du mélange noisettes et persil. Décorez avec les demi-lunes et les rondelles de citron. Saupoudrez du reste de persil haché.

Les noisettes et le persil rehaussent le goût des truites sautées

Le riz pilaf absorbera la sauce au beurre

SAUMON POCHÉ ET SAUCE AU CRESSON DE FONTAINE

🍴 POUR 4 À 6 PERSONNES 🥣 PRÉPARATION : DE 25 À 30 MIN 🍲 CUISSON : DE 15 À 20 MIN

ÉQUIPEMENT

couteau chef

couteau à filets

couteau éplucheur

plat à rôtir*

ciseaux de cuisine

couteau d'office

pince à épiler

bols

fouet

grande cuiller
en métal

passoire

presse-agrumes

papier absorbant

aluminium ménager

planche à découper

*ou poissonnière
ou grand plat allant au four

INGRÉDIENTS

saumon frais**

citron

carotte

cresson
de fontaine

oignon

yaourt au
lait entier

bouquet garni

tabasco

vin blanc
sec

crème
épaisse

poivre
en grains

** ou bar
ou truite saumonée

*Pochés dans un court-bouillon bien parfumé,
le saumon entier ou la truite saumonée sont
délicieux, car leur chair ne se dessèche pas.
Demandez à votre poissonnier de vider
le poisson par le ventre.*

métrique	LE MARCHÉ	impérial
1,8 kg	saumon frais, vidé	4 lb
	sel et poivre	
	Pour le court-bouillon	
1	oignon	1
1	carotte	1
6	grains de poivre	6
250 ml	vin blanc sec	1 tasse
1,5 litre	eau, ou plus	6 tasses
1	bouquet garni composé de 5 ou 6 brins de persil, 2 ou 3 brins de thym frais et 1 feuille de laurier	1
	Pour la sauce	
1	bouquet de cresson	1
250 ml	crème épaisse	1 tasse
250 ml	yaourt au lait entier	1 tasse
1	citron	1
	tabasco	

DÉROULEMENT

1 PRÉPARER
LE COURT-BOUILLON

2 PRÉPARER
ET POCHER
LE SAUMON

3 FAIRE LA SAUCE

4 TERMINER
LE PLAT

1 PRÉPARER LE COURT-BOUILLON

Les aromates
du court-bouillon
parfumeront
le poisson poché

1 Épluchez l'oignon, sans ôter sa base, et coupez-le en deux dans le sens de la hauteur. Posez les moitiés à plat sur la planche à découper et détaillez-les en tranches moyennes.

2 Épluchez la carotte et coupez-la en rondelles moyennes.

3 Mettez l'oignon, la carotte, les grains de poivre, le vin blanc, l'eau et 1 cuil. à café de sel dans le plat à rôtir. Ajoutez le bouquet garni. Portez à ébullition et faites mijoter 20 min. Laissez refroidir. Pendant ce temps, préparez le saumon (voir p. 102).

PARER UN POISSON

Si vous servez un poisson entier, coupez les nageoires pour qu'elles ne gênent pas le service, et incisez la queue en V.

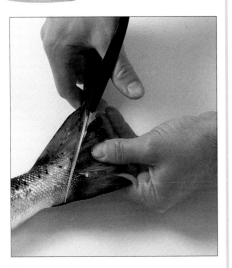

1 Coupez les nageoires latérales, puis la nageoire ventrale.

2 Retournez le poisson et coupez les nageoires dorsales.

3 Ôtez un triangle de queue pour former un V.

2 PRÉPARER ET POCHER LE SAUMON

1 Écaillez le saumon (voir encadré ci-dessous), puis parez-le (voir encadré p. 101). Glissez le couteau à filets entre l'arête centrale et la chair.

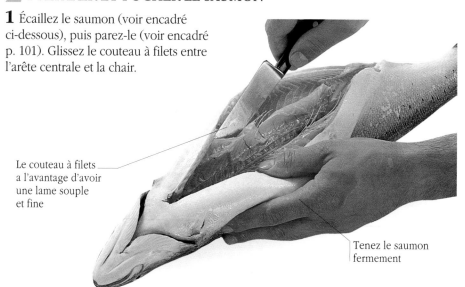

Le couteau à filets a l'avantage d'avoir une lame souple et fine

Tenez le saumon fermement

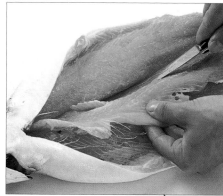

2 Détachez la chair des deux côtés de l'arête centrale, en travaillant vers la queue et sans couper la peau.

3 Avec les ciseaux de cuisine, détachez l'arête de la tête.

4 Dégagez l'arête au niveau de la queue. Coupez-la en morceaux et réservez-la. Avec la pince à épiler, ôtez toutes les arêtes qui restent dans la chair et assurez-vous avec les doigts qu'il n'y en a plus.

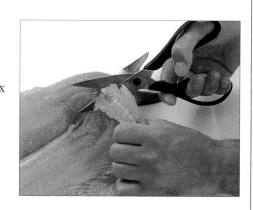

Rincez le poisson avant de le cuisiner pour éliminer toutes les impuretés

ÉCAILLER UN POISSON

La plupart des poissons doivent être écaillés avant d'être cuisinés. Certains d'entre eux, comme la truite de rivière, ont des écailles très petites, qu'il n'est pas nécessaire d'enlever. Enfin, de rares poissons, comme l'espadon, n'ont pas d'écailles du tout.

Les écailles du poisson sautent : travaillez au-dessus de l'évier

Avec le dos d'un couteau à filets, un couteau éplucheur ou un couteau-scie tenu incliné, grattez bien les écailles sur tout le poisson, en travaillant de la queue vers la tête. Rincez le poisson sous l'eau courante et séchez-le dans du papier absorbant.

5 Rincez le poisson à l'intérieur et à l'extérieur sous l'eau froide et séchez-le dans du papier absorbant.

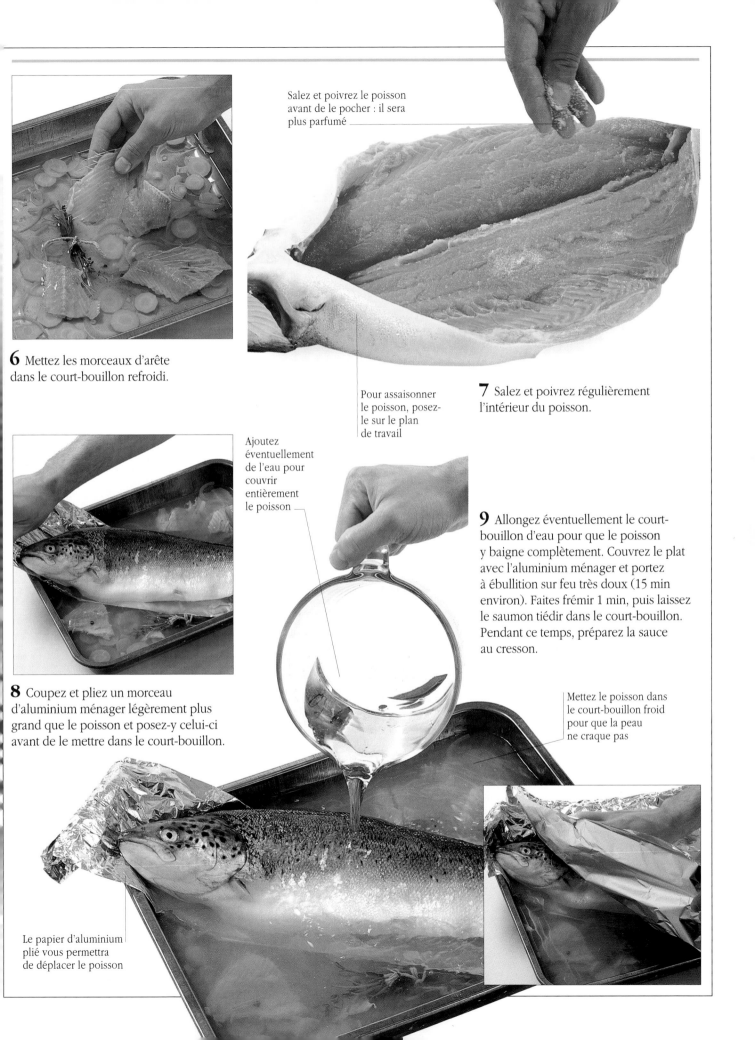

Salez et poivrez le poisson
avant de le pocher : il sera
plus parfumé

6 Mettez les morceaux d'arête
dans le court-bouillon refroidi.

Pour assaisonner
le poisson, posez-
le sur le plan
de travail

7 Salez et poivrez régulièrement
l'intérieur du poisson.

Ajoutez
éventuellement
de l'eau pour
couvrir
entièrement
le poisson

9 Allongez éventuellement le court-
bouillon d'eau pour que le poisson
y baigne complètement. Couvrez le plat
avec l'aluminium ménager et portez
à ébullition sur feu très doux (15 min
environ). Faites frémir 1 min, puis laissez
le saumon tiédir dans le court-bouillon.
Pendant ce temps, préparez la sauce
au cresson.

8 Coupez et pliez un morceau
d'aluminium ménager légèrement plus
grand que le poisson et posez-y celui-ci
avant de le mettre dans le court-bouillon.

Mettez le poisson dans
le court-bouillon froid
pour que la peau
ne craque pas

Le papier d'aluminium
plié vous permettra
de déplacer le poisson

3 FAIRE LA SAUCE

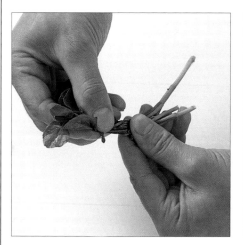

1 Séparez les brins de cresson, lavez-les dans la passoire et séchez-les soigneusement. Détachez les feuilles de leur tige.

2 Rassemblez les feuilles de cresson sur la planche à découper, et hachez-les avec le couteau chef.

3 Fouettez la crème jusqu'à ce qu'elle fasse une pointe ferme. Dans un autre bol, fouettez bien le yaourt.

4 Incorporez délicatement le yaourt à la crème fouettée et remuez bien.

Le jus de citron apporte fraîcheur et saveur à la sauce au cresson

Le cresson grossièrement haché donne de la consistance à la sauce

La crème fouettée et le yaourt constituent la base de la sauce

5 Ajoutez le cresson haché et un soupçon de tabasco. Pressez le citron et ajoutez le jus à la sauce.

6 Remuez jusqu'à ce que la sauce soit parfaitement homogène. Couvrez et réservez au réfrigérateur.

4 TERMINER LE PLAT

1 Sortez doucement le saumon du court-bouillon, en soulevant les extrémités de la bande d'aluminium, et laissez-le s'égoutter. Posez-le sur le plan de travail.

Tenez fermement les extrémités de la bande d'aluminium

2 À l'aide du couteau d'office, coupez nettement la peau autour de la tête et de la queue.

3 Ôtez toute la peau, en la tirant doucement entre le couteau et votre pouce. Gardez intactes la tête et la queue. Grattez le long de l'arête dorsale pour effacer la ligne des arêtes.

4 Avec le couteau d'office, enlevez délicatement les chairs grises.

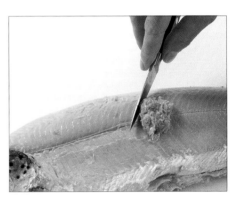

 **POUR SERVIR**

Posez avec précaution le saumon sur un grand plat ovale et décorez-le de brins d'aneth, de feuilles de laitue, de quartiers de tomates, et éventuellement de légumes. Servez la sauce au cresson à part. Découpez le saumon à table.

Le saumon poché est meilleur servi à température ambiante

SAVOIR S'ORGANISER

Vous pouvez pocher le saumon 24 h à l'avance, et le conserver, bien couvert, au réfrigérateur. Sortez-le 20 min avant de servir pour qu'il soit à température ambiante. Ôtez la peau au dernier moment. La sauce au cresson se garde 4 h.

La sauce au cresson a une saveur très fraîche

MAQUEREAUX PANÉS
AUX FLOCONS D'AVOINE

¶O¶ POUR 6 PERSONNES   PRÉPARATION : DE 15 À 20 MIN   CUISSON : DE 8 À 12 MIN

ÉQUIPEMENT

casseroles

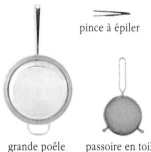
pince à épiler

grande poêle   passoire en toile
métallique

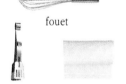
fouet

pinces métalliques   papier absorbant

papier sulfurisé

couteau à filets

plaque à pâtisserie

planche à découper

*Cette version d'une recette traditionnelle
écossaise, le hareng pané aux flocons d'avoine,
est ici préparée avec du maquereau. Si vous
voulez respecter la tradition, remplacez l'huile
par de la graisse de lard ou de poitrine fumée.
La sauce à la moutarde accompagne
parfaitement le poisson frit.*

— SAVOIR S'ORGANISER —
Vous pouvez paner le poisson 2 h à l'avance et le conserver
au réfrigérateur. Faites-le frire au dernier moment.
La sauce à la moutarde se garde 1 h au bain-marie.

métrique	LE MARCHÉ	impérial
3	maquereaux vidés, de 400 à 500 g (1 lb environ) chacun	3
90 ml	huile végétale, ou plus	3/8 tasse
	sel et poivre	
	rondelles de citron et brins de persil, pour la décoration	
	Pour la panure	
2	œufs	2
30 g	farine de blé supérieure	1 oz
175 g	flocons d'avoine	6 oz
	Pour la sauce	
60 g	beurre	2 oz
30 ml	farine de blé supérieure	2 cuil. à soupe
300 ml	eau bouillante	1 1/4 tasse
	le jus de 1/2 citron	
15 ml	moutarde de Dijon	1 cuil. à soupe

INGRÉDIENTS

maquereaux*

flocons
d'avoine   beurre

farine de blé supérieure

jus de citron

œufs

moutarde
de Dijon   huile végétale

* ou harengs entiers
vidés et écaillés

ANNE VOUS DIT
*«Vous pouvez également
acheter 6 filets
de maquereau pelés
et prêts à cuire.»*

DÉROULEMENT

1 PRÉPARER
ET PANER
LES MAQUEREAUX

2 PRÉPARER
LA SAUCE

3 FRIRE
LES MAQUEREAUX

LEVER DES FILETS SUR UN POISSON ROND

Les poissons ronds, comme le saumon, le cabillaud et le maquereau, ont 2 filets que l'on peut lever facilement de chaque côté de l'arête centrale. Utilisez un couteau très aiguisé.

1 Juste derrière la tête, incisez, à l'aide d'un couteau à filets, le poisson en biais jusqu'à l'arête centrale.

Tenez le poisson fermement avec l'autre main

2 Posez le poisson sur le plan de travail, queue vers vous. Fendez la peau le long du dos, de la tête vers la queue, en tenant le couteau horizontalement.

3 Glissez le couteau au-dessus de l'arête, tout du long, en détachant la chair jusqu'au milieu du filet.

ANNE VOUS DIT

«Effectuez un mouvement continu pour garder le filet intact.»

4 Continuez à travailler à partir de la tête pour détacher l'autre partie, et retirez complètement le filet.

5 Procédez de la même façon pour le second filet, mais en glissant cette fois le couteau sous l'arête. Enlevez-la et coupez la tête.

Glissez le couteau le plus près possible de l'arête pour obtenir un filet bien net

6 Rincez les filets sous l'eau froide et séchez-les dans du papier absorbant. Si vous voulez préparer un court-bouillon, lavez les arêtes et réservez-les.

RETIRER LA PEAU D'UN FILET DE POISSON

Dans la plupart des recettes, il faut peler les filets de poisson avant de les cuisiner.

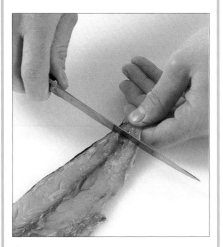

1 Posez le filet de poisson côté peau sur le plan de travail, la queue tournée vers vous. En la tenant fermement entre le pouce et l'index, entaillez la chair horizontalement, jusqu'à la peau.

2 Inclinez légèrement le couteau pour que la lame soit presque parallèle à la peau. Faites-la glisser sous la chair, en travaillant vers la tête et en «sciant» légèrement, en tenant toujours le poisson fermement.

1 PRÉPARER ET PANER LES MAQUEREAUX

1 Levez les filets des maquereaux (voir encadré p. 107) et ôtez-en la peau (voir encadré à gauche). Retirez toutes les petites arêtes avec la pince à épiler.

Lorsque les filets sont pelés, il ne reste que la chair tendre

La pince à épiler permet de tirer les arêtes sans les casser

2 Rincez de nouveau les filets sous l'eau froide et séchez-les dans du papier absorbant.

ANNE VOUS DIT
«Sans leur peau, les maquereaux sont plus fragiles; manipulez-les avec précaution.»

3 Cassez les œufs dans un plat creux et battez-les avec 1/2 cuil. à café de sel. Tamisez la farine sur une feuille de papier sulfurisé.

4 Mélangez du bout des doigts les flocons d'avoine, du sel et du poivre sur une autre feuille de papier sulfurisé.

5 Roulez les filets dans la farine pour qu'ils soient bien enrobés, puis mettez-les sur un plat.

Tirez sur un bord du papier puis sur l'autre pour rouler le filet dans les flocons d'avoine

Les flocons d'avoine se collent à l'œuf

6 À l'aide de 2 fourchettes, plongez 1 filet dans l'œuf battu. Roulez-le ensuite dans les flocons d'avoine en remuant le papier d'un bord à l'autre pour qu'il soit bien enrobé. Panez les autres filets.

2 PRÉPARER LA SAUCE À LA MOUTARDE

1 Dans une casserole moyenne, chauffez à feu doux un tiers du beurre.

2 Ajoutez la farine et fouettez pour obtenir une pâte lisse. Cuisez 1 min, jusqu'à léger frémissement.

3 Retirez du feu et ajoutez, en fouettant, l'eau bouillante. La sauce épaissit aussitôt.

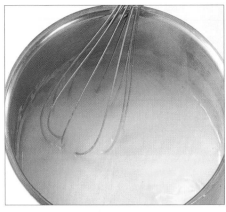

Fouettez sans arrêt pour éviter les grumeaux

4 Chauffez de nouveau et cuisez la sauce 1 min en fouettant sans arrêt. Retirez la casserole du feu; incorporez le reste du beurre en fouettant vivement.

5 Ajoutez le jus de citron et la moutarde; fouettez. Rectifiez l'assaisonnement, en mettant éventuellement un peu plus de moutarde, et continuez à fouetter jusqu'à ce que la sauce soit bien lisse. Réservez-la au bain-marie.

ATTENTION !

Ne faites pas chauffer la sauce trop longtemps, car la moutarde la rendrait amère.

3   FRIRE LES MAQUEREAUX

1 Préchauffez le four à 100 °C. Recouvrez la plaque à pâtisserie de papier absorbant. Chauffez l'huile dans la poêle. Mettez-y 3 filets et faites-les revenir de 2 à 3 min, jusqu'à ce qu'ils soient croustillants et dorés.

Faites frire les filets en plusieurs fois pour que la panure ne ramollisse pas

2 Retournez les filets à l'aide de la pince, en veillant à ne pas enlever la panure.

La chair se détache facilement sous les dents d'une fourchette

3 Cuisez de 2 à 3 min encore, jusqu'à ce qu'une fourchette piquée dans la chair s'y enfonce facilement. Gardez au chaud dans le four pendant que vous faites frire les autres maquereaux, en rajoutant un peu d'huile.

🍽 POUR SERVIR

Disposez les filets de maquereau sur un plat chaud et décorez de tortillons de citron et de brins de persil. Servez la sauce à la moutarde à part.

La sauce à la moutarde accompagne parfaitement le poisson frit

La panure aux flocons d'avoine est très croustillante

TRUITES ARC-EN-CIEL PANÉES AUX AMANDES

La saveur des truites arc-en-ciel se marie parfaitement avec celle des amandes.

1 Ne préparez pas la sauce à la moutarde.

2 Hachez 175 g d'amandes mondées, salez et poivrez.

3 Rincez 6 filets de truite arc-en-ciel et séchez-les dans du papier absorbant. Panez-les en suivant la recette principale, en remplaçant les flocons d'avoine par les amandes hachées.

4 Faites frire les filets de 3 à 4 min de chaque côté, à feu doux pour que les amandes ne brûlent pas.

5 Coupez les filets de truite en morceaux et disposez-les sur des assiettes chaudes.

6 Servez avec des pommes de terre sautées au beurre, parsemées de ciboulette hachée.

Truites grillées glacées à l'orange et à la moutarde

 POUR 6 PERSONNES   PRÉPARATION : DE 15 À 20 MIN   CUISSON : DE 20 À 30 MIN

ÉQUIPEMENT

couteau chef

couteau à filets   couteau d'office

ciseaux de cuisine

palette

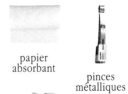
papier absorbant

pinces métalliques

pinceau à pâtisserie

fouet

petit bol

planche à découper

ANNE VOUS DIT

«Pour parer le poisson, utilisez des ciseaux de cuisine à lames droites et assez robustes pour couper la peau et les nageoires.»

Les poissons grillés sont vite préparés et faciles à présenter. Les plus petits sont les meilleurs, parce que leurs arêtes les gardent moelleux et que leur peau les protège de la forte chaleur. Vous pouvez aussi les préparer au barbecue, mais choisissez bien votre combustible : un bois au parfum trop prononcé, comme le pin, tuerait leur goût.

SAVOIR S'ORGANISER

Vous pouvez préparer le glaçage 1 semaine à l'avance et le conserver au réfrigérateur. Les poissons et les légumes se gardent 2 h, mais grillez-les au dernier moment.

métrique	LE MARCHÉ	impérial
6	truites de 400 g (14 oz) environ chacune	6
6-8	brins d'estragon frais	6-8
3	gros oignons doux	3
3	tomates moyennes bien mûres	3
250 g	champignons de Paris	8 oz
60 ml	huile végétale pour la grille	1/4 tasse
	Pour le glaçage	
60 ml	moutarde de Dijon	4 cuil. à soupe
10 ml	miel	2 cuil. à thé
150 ml	jus d'orange (2 fruits)	2/3 tasse
60 ml	huile végétale	1/4 tasse
	sel et poivre	

INGRÉDIENTS

truites*

miel   moutarde de Dijon

estragon frais

huile végétale

jus d'orange   tomates

champignons   oignons

* ou brèmes

DÉROULEMENT

1 PRÉPARER LES POISSONS

2 PRÉPARER LES LÉGUMES ET LE GLAÇAGE

3 GRILLER LES LÉGUMES ET LES POISSONS

1 PRÉPARER LES POISSONS

1 Videz les poissons par les ouïes (voir encadré ci-dessous). À l'aide des ciseaux de cuisine, coupez les nageoires et incisez les queues en V. Rincez les truites à l'intérieur et à l'extérieur et séchez-les dans du papier absorbant. Avec le couteau à filets, faites de chaque côté 3 ou 4 entailles en biais profondes de 1 cm.

2 Détachez de leur tige les feuilles d'estragon, puis glissez-en une dans chaque entaille. Réservez les poissons au frais.

Le parfum de l'estragon va imprégner le poisson

VIDER UN POISSON ENTIER PAR LES OUÏES

Il est préférable de vider par les ouïes les poissons qui seront servis entiers, pour qu'ils ne se défassent pas. Si vous demandez à votre poissonnier de parer le poisson, précisez-le lui; car, si le ventre est ouvert, la chair se rétractera à la cuisson.

1 Glissez les doigts dans les ouïes pour les retourner.

2 Enfoncez les doigts jusqu'à l'estomac et videz le poisson.

ATTENTION !
Les ouïes sont parfois coupantes : retournez-les délicatement.

3 Avec des ciseaux, faites une petite incision sous le ventre et terminez de vider le poisson.

4 Faites couler de l'eau froide des ouïes jusqu'à l'incision, pour bien nettoyer l'intérieur du poisson.

2 Préparer les légumes; faire le glaçage

1 Épluchez les oignons et coupez-les en rondelles épaisses de 1 cm, en ôtant la base et le sommet.

2 Retirez le pédoncule des tomates, puis coupez-les en deux. Nettoyez le chapeau des champignons avec du papier absorbant humide et raccourcissez les pieds.

3 Préparez le glaçage : dans un bol, mélangez au fouet le miel et la moutarde de Dijon; ajoutez le jus d'orange. Versez l'huile en un mince filet, en fouettant sans arrêt. Salez et poivrez.

3 Griller les légumes et les poissons

1 Préchauffez le gril. Huilez largement la grille à pâtisserie à l'aide du pinceau. Posez-y les rondelles d'oignon et les champignons. Badigeonnez-les avec le glaçage, salez et poivrez.

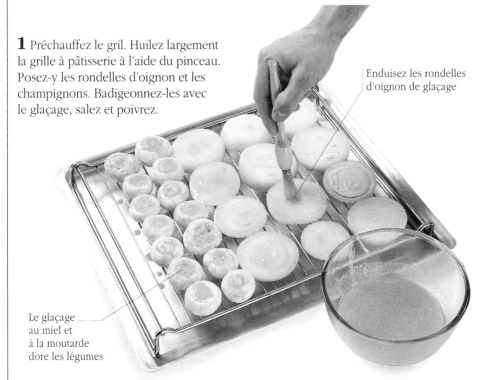

Enduisez les rondelles d'oignon de glaçage

Le glaçage au miel et à la moutarde dore les légumes

2 Enfournez les oignons et les champignons à 8 cm sous la source de chaleur; retournez-les de temps à autre avec les pinces pour les badigeonner de nouveau. Laissez cuire les champignons 3 min et les oignons de 5 à 7 min : ils doivent noircir légèrement. Sortez-les et réservez-les au chaud.

3 Grillez les tomates, côté peau vers le haut, de 5 à 7 min, jusqu'à ce que la peau noircisse légèrement; ne les retournez pas. Sortez-les et réservez-les au chaud.

4 Posez les poissons sur la grille. Badigeonnez-les avec le glaçage; salez et poivrez. Faites griller de 4 à 7 min, éventuellement en deux fois.

La chair se détache facilement

5 Retournez doucement les poissons à l'aide de la palette et enduisez-les de nouveau de glaçage. Enfournez pour 5 à 7 min encore, jusqu'à ce que la chair soit tendre sous les dents d'une fourchette.

ANNE VOUS DIT
«Le temps de cuisson est fonction de l'épaisseur du poisson, mesurée à l'endroit le plus large (10 min environ pour 2,5 cm).»

La peau de la truite croustille sous le glaçage au miel et à la moutarde

¡●¡ POUR SERVIR
Disposez les truites sur des assiettes chaudes et accompagnez-les des légumes glacés. Décorez de feuilles de mâche. Arrosez le poisson avec le reste du glaçage.

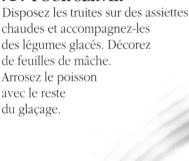

VARIANTE
STEAKS DE CABILLAUD AU BEURRE MAÎTRE-D'HÔTEL

Les steaks de cabillaud sont grillés et décorés de rondelles de beurre manié parfumé au persil, à l'échalote et au citron.

1 Ne préparez pas le glaçage. Pelez 1 échalote et posez-la à plat sur une planche à découper. Émincez-la horizontalement, sans ôter sa base. Coupez-la ensuite verticalement, puis en tout petits dés.

2 Détachez les feuilles de 8 à 10 brins de persil et rassemblez-les sur une planche à découper. Hachez-les finement.

3 Travaillez 75 g de beurre en pommade. Ajoutez-y l'échalote et le persil hachés, le jus de 1/2 citron, salez et poivrez. Posez le beurre sur une feuille de papier sulfurisé et faites-en un rouleau, en tortillant les extrémités pour bien le fermer. Mettez au réfrigérateur pour qu'il durcisse.

4 Rincez 6 steaks de cabillaud (1 kg au moins) et séchez-les. Badigeonnez-les avec 3 ou 4 cuil. à soupe d'huile d'olive, salez et poivrez, et grillez-les de 3 à 5 min de chaque côté. Quand vous les retournez, huilez-les, salez et poivrez.

5 Posez une tranche de beurre maître-d'hôtel sur chaque steak de cabillaud et servez accompagné de carottes râpées parfumées avec de l'aneth frais ciselé.

CARRELET BONNE FEMME

🍽 POUR 4 PERSONNES   🥣 PRÉPARATION : DE 30 À 35 MIN   🍲 CUISSON : DE 25 À 30 MIN

ÉQUIPEMENT

bols

poêle

couteau chef

couteau à filets

pinceau
à pâtisserie

plat à rôtir

ciseaux
de cuisine

casseroles

cuiller en bois

spatule à poisson

fouet

grande cuiller
en métal

louche

planche
à découper

aluminium ménager

chinois

papier
absorbant

Dans cette recette classique, les filets de carrelet sont d'abord pochés dans un court-bouillon préparé avec les arêtes, qui constitue ensuite la base d'une sauce crémeuse et veloutée.

SAVOIR S'ORGANISER

Vous pouvez lever les filets et préparer le court-bouillon
4 h à l'avance, et les conserver, couverts,
au réfrigérateur.

métrique	LE MARCHÉ	impérial
2	carrelets, de 1 kg (2.2 lb) environ chacun, vidés et écaillés	2
2	échalotes	2
250 g	champignons de Paris	9 oz
15 g	beurre, et un peu pour le plat et l'aluminium	0.5 oz
	sel et poivre	
60 ml	eau	1/4 tasse
	Pour le court-bouillon	
1	oignon	1
500 ml	eau froide, ou plus	2 tasses
3-5	brins de persil	3-5
5 ml	poivre en grains	1 cuil. à thé
250 ml	vin blanc ou le jus de 1 citron	1 tasse
	Pour la sauce	
30 g	beurre	1 oz
30 ml	farine de blé supérieure	2 cuil. à soupe
45 ml	crème épaisse	3 cuil. à soupe
3	jaunes d'œufs	3
	le jus de 1/2 citron, ou selon votre goût	

INGRÉDIENTS

carrelets*

jaunes d'œufs

crème
épaisse

beurre

vin
blanc

farine de blé supérieure

champignons

échalotes

persil

oignon

poivre
en grains

jus
de citron

* ou filets de flétan ou de limande

DÉROULEMENT

1 PARER LES CARRELETS

2 PRÉPARER
LE COURT-BOUILLON

3 POCHER
LES CARRELETS

4 FAIRE LA SAUCE
ET TERMINER
LE PLAT

1 PARER LES CARRELETS

Posez le poisson
à plat sur le plan
de travail

1 Levez les filets des carrelets
(voir encadré p. 118), en
réservant les arêtes et les têtes
nettoyées pour préparer le court-bouillon.

Tenez le couteau fermement
pour détacher le filet

2 Tenez fermement chaque filet, côté
peau, sur la planche à découper. Entaillez
la peau au bout de la queue, puis glissez
le couteau incliné sous la chair, en «sciant»
légèrement. Rincez les filets et séchez-les
dans du papier absorbant.

2 PRÉPARER LE COURT-BOUILLON

1 Avec le couteau chef, coupez
les têtes et les arêtes nettoyées
en 4 ou 5 morceaux.

2 Épluchez l'oignon, sans ôter sa base,
coupez-le en deux, puis émincez-le
finement.

Si les arêtes et
les têtes ont été
bien nettoyées,
le court-bouillon
est limpide

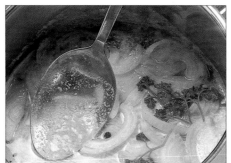

3 Mettez les têtes et les arêtes dans
une casserole moyenne, avec l'oignon,
l'eau, le persil et les grains de poivre.
Versez le vin.

4 Portez à ébullition et laissez frémir
20 min environ, en écumant de temps
en temps avec la grande cuiller.

ATTENTION !
*Ne laissez pas trop cuire le court-
bouillon, car il deviendrait amer.*

5 Passez le court-bouillon à travers
le chinois au-dessus d'une seconde
casserole.

ANNE VOUS DIT
*«N'assaisonnez pas, car, à la réduction,
les parfums vont se corser.»*

LEVER LES FILETS D'UN POISSON PLAT

Les poissons plats comme le carrelet ou la limande se cuisinent généralement en filets. Ils en comportent deux de chaque côté de l'arête centrale. La technique est à peu près la même que pour les filets des poissons ronds.

1 Avec la pointe d'un couteau à filets, entaillez le tour du poisson pour dessiner la forme des filets. Incisez ensuite la chair jusqu'à l'arête, en demi-cercle, derrière la tête.

Tenez le poisson fermement avec l'autre main pour qu'il ne glisse pas

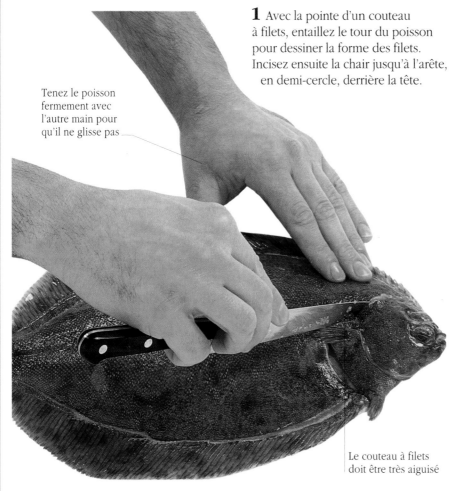

Le couteau à filets doit être très aiguisé

2 Incisez le poisson le long de l'arête centrale, en une ligne droite de la tête à la queue.

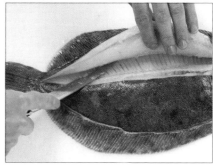

3 En tenant le couteau presque horizontalement, glissez la lame entre la chair et les arêtes en soulevant le filet.

4 Continuez jusqu'à ce que tout le filet avec sa peau se détache d'un seul morceau. Tournez le poisson et glissez le couteau sous la chair du second filet. Détachez-le des arêtes comme le premier.

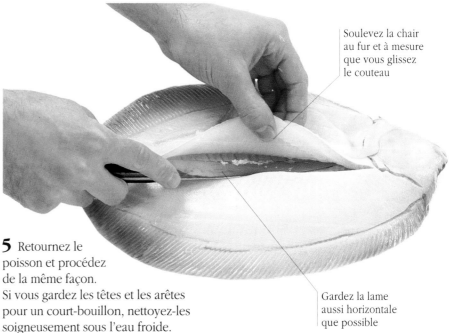

Soulevez la chair au fur et à mesure que vous glissez le couteau

5 Retournez le poisson et procédez de la même façon. Si vous gardez les têtes et les arêtes pour un court-bouillon, nettoyez-les soigneusement sous l'eau froide.

Gardez la lame aussi horizontale que possible

3 PRÉPARER LES CHAMPIGNONS; POCHER LES CARRELETS

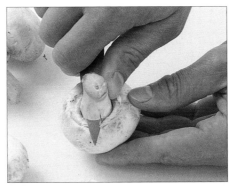

1 Préchauffez le four à 180 °C. Épluchez les échalotes. Émincez-les, sans ôter leur base, d'abord horizontalement, puis verticalement. Hachez-les en tout petits dés.

2 Nettoyez le chapeau des champignons avec du papier absorbant humide et coupez les pieds. Posez-les debout sur la planche à découper et émincez-les.

3 Chauffez le beurre dans une poêle. Ajoutez les champignons avec le sel, le poivre et l'eau. Couvrez d'aluminium ménager beurré et cuisez 5 min, jusqu'à ce que les champignons soient tendres. Réservez.

4 Beurrez le plat à rôtir; parsemez le fond des échalotes hachées. Pliez chaque filet de carrelet en deux, côté pelé vers l'intérieur, et posez-les sur les échalotes, queue vers le haut. Salez et poivrez.

Ne couvrez pas complètement les filets de court-bouillon

5 Versez du court-bouillon jusqu'à mi-hauteur des filets. Recouvrez le plat d'aluminium ménager beurré.

6 Enfournez pour 15 à 18 min, jusqu'à ce que la chair soit assez tendre pour qu'une fourchette s'y enfonce facilement.

7 À l'aide de la spatule à poisson, posez les filets sur du papier absorbant pour les égoutter; gardez le liquide de cuisson. Réservez le poisson au chaud pendant que vous préparez la sauce.

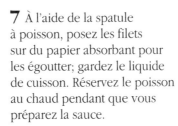

4 PRÉPARER LA SAUCE ET TERMINER LE PLAT

1 Ajoutez au court-bouillon restant le liquide de cuisson avec les échalotes; faites réduire pour n'en avoir plus que 35 cl.

2 Chauffez le beurre dans une autre casserole. Incorporez la farine et cuisez de 1 à 2 min. Retirez du feu et laissez refroidir.

3 Versez le court-bouillon réduit, à travers le chinois, dans le mélange. Remettez sur le feu et portez à ébullition, en fouettant jusqu'à ce que la préparation épaississe. Laissez mijoter 5 min.

Les lamelles de champignon parfument et décorent le plat

4 Retirez du feu. Ajoutez les champignons et leur jus de cuisson et mélangez bien.

5 Fouettez les jaunes d'œufs et la crème dans un bol.

6 Versez un peu de sauce chaude dans le mélange crème et œufs et fouettez.

7 Versez la préparation à la crème dans le reste de sauce. Remettez sur le feu et cuisez doucement de 2 à 3 min, en remuant jusqu'à ce que la sauce soit assez épaisse pour napper le dos de la cuiller. Ne laissez pas bouillir la sauce, car elle tournerait. Retirez du feu. Ajoutez le jus de citron, salez et poivrez.

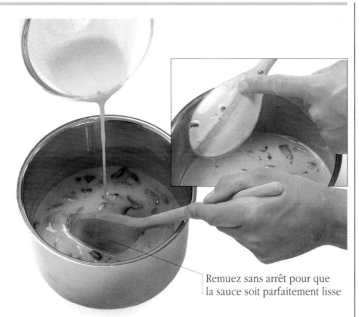

Remuez sans arrêt pour que la sauce soit parfaitement lisse

8 Préchauffez le gril. Mettez les filets deux par deux sur 4 assiettes résistant à la chaleur. Nappez-les de sauce. Enfournez pour 1 à 2 min, pour que le poisson dore et glace légèrement.

POUR SERVIR
Servez aussitôt, éventuellement décoré de brins d'herbes fraîches. Accompagnez de riz créole.

Le riz créole, joliment moulé, est idéal pour savourer la sauce

La sauce veloutée et crémeuse rehausse la saveur du poisson

FILETS DE CARRELET AUX CHAMPIGNONS ET AUX TOMATES

Dans cette version colorée du carrelet bonne femme, les filets sont accompagnés d'une sauce aux champignons et à la tomate.

1 Ôtez le pédoncule de 2 tomates; retournez-les et entaillez-les en croix. Mettez-les dans une casserole d'eau bouillante de 8 à 15 s : la peau se décolle en frisant au niveau de la croix. Plongez-les ensuite dans un bol d'eau fraîche. Lorsqu'elles ont refroidi, pelez-les. Coupez-les en deux et épépinez-les. Concassez-les finement.
2 Préparez les carrelets, le court-bouillon et les champignons en suivant la recette principale.
3 Pochez les filets, en ajoutant les tomates en même temps que les échalotes.
4 Détachez les feuilles de 10 à 12 brins de persil et rassemblez-les sur une planche à découper. Hachez-les finement.
5 Préparez la sauce, en ajoutant au liquide de cuisson 15 cl de vin blanc à la place du reste de court-bouillon. Versez le liquide réduit dans le mélange beurre-farine, sans le passer. Dès que la sauce épaissit, incorporez en fouettant 1 1/2 cuil. à soupe de purée de tomates.
6 Ajoutez le persil haché, les champignons et leur jus.
7 Nappez le poisson de sauce et passez-le sous le gril. Accompagnez éventuellement de purée.

TOUT SUR LES POISSONS

*Vous trouverez dans le commerce
de très nombreux poissons. Chacun a ses propres
qualités, qui déterminent la façon de le cuisiner.
Le poisson est fragile : il est donc important
de savoir le conserver et le travailler. Il se prête
à des recettes très originales et il est parfaitement
adapté à la cuisson au micro-ondes.*

CHOIX

Avant d'acheter un poisson, commencez par le sentir
et le regarder. Vous reconnaîtrez facilement un poisson
d'une fraîcheur irréprochable. Recherchez
les caractéristiques suivantes.

• Un bon poisson a une odeur fraîche, sans aucune effluve
désagréable.

• Son œil est clair et ses écailles intactes et brillantes,
ni ternes ni brunes, mais rose pâle ou rouges.

• Il est ferme et élastique au toucher, ni mou ni spongieux.

• S'il est présenté en filets, ceux-ci ne sont ni secs ou décolorés,
ni mouillés ou aqueux. La chair est claire et translucide.

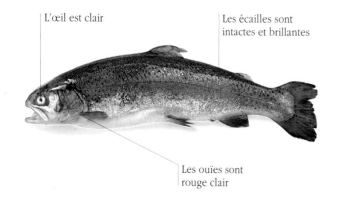

L'œil est clair

Les écailles sont
intactes et brillantes

Les ouïes sont
rouge clair

ANNE VOUS DIT

*«Un poisson coupé en tranches ou en filets s'abîme
plus vite qu'un poisson entier, parce que sa chair
est directement exposée aux bactéries. Il est donc
préférable de s'adresser à un poissonnier qui le
débitera devant vous plutôt que de l'acheter détaillé;
dans l'idéal, il vaut mieux le faire soi-même.»*

GROUPES DE POISSONS

La plupart des poissons sont pêchés en mer ou en rivière; plus
rarement, ils viennent de fermes d'aquaculture. Les arrivages
sont donc très fluctuants, et les espèces et la qualité varient
énormément selon les saisons et les régions. Il peut arriver
que vous ne trouviez pas le poisson que vous cherchez. Il est
donc important de savoir comment le remplacer, et dans chaque
recette, vous trouverez une proposition. Le saumon et la truite
sont souvent d'élevage et abondent généralement sur les étals.

Pour bien cuisiner les poissons, il est essentiel d'en connaître
le goût, la consistance et la structure, très divers. Un poisson
à la chair grasse et riche est aussi différent d'un poisson
maigre qu'un canard l'est d'un poulet. La texture a aussi
son importance : la chair rustique du cabillaud n'a rien
à voir avec celle, très fine, de la sole, ou avec celle, très
ferme, du thon, ou encore avec celle, délicate et rose,
du saumon.

Quand vous remplacez un poisson par un autre,
respectez autant que possible la consistance et le goût.

FAMILLE DU CABILLAUD

Le cabillaud, l'églefin, le colin et le lieu font partie d'une même
famille et représentent près de la moitié du marché de poissons
frais. En raison de leur grande taille, ils sont généralement
vendus en tranches ou en filets. Ils se ressemblent notamment
par leur chair ferme et blanche. Épaisse et très savoureuse,
elle se prête à de nombreux apprêts. Ces poissons sont
excellents grillés, sautés, cuits à la vapeur, au four ou frits,
et se marient bien avec de nombreux accompagnements
et sauces. Vous pouvez remplacer l'un par l'autre sans
hésitation.

POISSONS PLATS

La plupart des poissons plats (sole, carrelet, limande)
sont eux aussi interchangeables. Comme leur nom l'indique,
ils sont très aplatis, avec des arêtes latérales et une épine
dorsale autour de laquelle on compte quatre filets, et
non pas deux comme chez les poissons ronds. Ils pèsent
généralement de 350 à 500 g et constituent alors une portion
pour une personne. Vous pouvez les frire entiers à la poêle
ou les entailler et les cuire au four avec du persil, un peu
de beurre et du vin blanc.

Le flétan et le turbot sont les plus grands que l'on trouve
dans le commerce. Ils sont souvent détaillés en tranches
ou en filets. La chair de tous les poissons plats est fine
et délicate, et toujours meilleure dans sa simplicité,
préparée par exemple au court-bouillon, au four
ou à la poêle.

POISSONS BLANCS

Ce sont de loin les plus nombreux de tous ceux qui se trouvent sur le marché. Beaucoup des poissons les plus courants ont en effet une chair blanche et fine. La rascasse, le mérou et  la daurade sont parmi les plus succulents. Leur taille varie énormément : certains sont assez petits pour être préparés entiers, d'autres sont si grands qu'ils ne sont vendus qu'en filets ou en tranches. Ils peuvent se cuisiner de toutes les façons.

POISSONS CHARNUS

Le thon et l'espadon sont les deux fleurons de cette catégorie : ils s'utilisent d'ailleurs indifféremment dans la plupart des recettes. Le premier est un poisson riche qu'il vaut mieux consommer très frais, surtout le thon rouge; l'albacore et le germon — thons blancs — sont surtout destinés à la conserverie. L'espadon, à la chair blanche, qui pèse de 100 à 500 kg, est toujours vendu en tranches, tandis que le thon est présenté en tranches ou en gros cubes, comme de la viande. La meilleure façon de les cuisiner consiste à les faire griller, au barbecue ou au gril. Mais la cuisson à la poêle ou au four donne aussi d'excellents résultats.

LA LOTTE

La lotte, appelée aussi baudroie, a une tête énorme et repoussante et une large gueule béante. Elle est donc toujours vendue étêtée, sous le nom de queue de lotte, ou, plus rarement, en tranches ou en filets. Sa chair est tendre, légèrement sucrée et élastique, et assez longue à cuire. Elle possède un gros avantage dans le domaine culinaire : elle n'a qu'une grosse épine dorsale et pas d'arêtes latérales, ce qui permet de lever facilement des filets. Elle est excellente au four ou sautée, et sa chair ferme en fait un ingrédient de base idéal pour les ragoûts. Aucun poisson ne lui ressemble vraiment, mais vous pourrez cependant la remplacer dans certaines recettes.

SAUMON ET TRUITE

Le saumon et la truite sont apparentés. La chair du premier, rose foncé, a un goût délicat. Vous le trouverez entier (entre 2 et 7 kg), en filets et en tranches. La truite la plus courante est l'arc-en-ciel, souvent d'élevage, vendue entière en portion individuelle (entre 350 et 500 g). La truite saumonée possède à la fois la couleur du saumon et la consistance ferme de la truite. Ces deux poissons à la chair riche sont meilleurs cuits au four, pochés ou sautés. Le saumon en tranches se prête bien à la cuisson au barbecue.

POISSONS DEMI-GRAS

Les poissons de ce groupe, maquereaux, harengs, sardines, ont une saveur très prononcée. Grâce à leur chair douce et floconneuse, ils gardent bien leur forme. Ils pèsent en général moins de 500 g; les sardines sont beaucoup plus petites, et il faut en compter plusieurs par personne. Tous ces poissons doivent être parfaitement frais, car ils ont une forte teneur en lipides, et ils rancissent et s'oxydent très vite. Bien qu'ils soient gras, ils sont excellents à la poêle, et encore meilleurs grillés, au four ou sur un feu de bois. Le vinaigre et surtout le citron, par leur acidité, équilibrent leur richesse, comme en témoigne à merveille le hareng mariné.

CONSERVATION

Le poisson frais ne se garde que peu de temps; cependant, la durée de conservation dépend de l'espèce et de la qualité. Faites confiance à votre poissonnier : il vous proposera un poisson tout juste pêché. Le froid est la clé d'une bonne conservation : le poisson s'abîme deux fois plus vite à 4 °C, la température habituelle d'un réfrigérateur, qu'à 0 °C, le degré idéal. Mettez-le donc toujours dans la partie la plus froide de votre réfrigérateur.

Un poisson entier fraîchement pêché se garde plus longtemps s'il a été vidé, parce que les enzymes de l'estomac qui accélèrent l'altération sont éliminés. S'il est détaillé en filets ou en morceaux, cuisinez-le dans les 24 h. En général, les poissons gras, comme le maquereau, se détériorent plus vite que les poissons blancs comme le cabillaud et la sole. Avant de les mettre au réfrigérateur, enveloppez-les dans du film alimentaire et couvrez-les de glace. Veillez cependant à ce que les morceaux ne soient pas au contact direct de la glace, car elle décolorerait la chair et la ferait dégorger. Si la glace fond, éliminez l'eau pour que le poisson ne s'altère pas.

CONGÉLATION ET DÉCONGÉLATION

Si vous congelez un poisson chez vous, prenez certaines précautions. Les congélateurs domestiques refroidissent en effet les aliments plus lentement que les appareils industriels; des cristaux de glace se forment, pénètrent les cellules du poisson, et altèrent sa saveur et sa texture. Si cependant vous souhaitez le faire, réglez votre congélateur sur le froid maximal. Nettoyez le poisson entier, lavez-le soigneusement en le manipulant doucement, et emballez-le dans un sachet spécial congélation. Vous traiterez de la même façon les filets et les tranches, à condition de les emballer soigneusement. Les poissons riches, comme le saumon, et les poissons blancs, comme le cabillaud, se congèlent plus facilement que des espèces plus fragiles, comme le carrelet. Si vous respectez toutes ces règles, vous les conserverez jusqu'à trois mois. Avant de les cuisiner, laissez-les décongeler dans le réfrigérateur pour leur conserver leurs qualités.

COURT-BOUILLON DE POISSON

*Il est indispensable
à la préparation des
sauces, des marmites
et des ragoûts. Les
arêtes, les têtes et
les queues des poissons
blancs maigres, surtout
celle des poissons plats
tels que la sole, en sont
les meilleures bases. Évitez les poissons gras comme
le maquereau qui rendraient le liquide huileux.
Vous pouvez le conserver, bien couvert,
48 h au réfrigérateur, ou même le congeler.*

⦿ POUR 1 LITRE ENVIRON

PRÉPARATION : DE 10 À 15 MIN

CUISSON : 20 MIN

LE MARCHÉ

750 g d'arêtes et de têtes de poisson
1 oignon
25 cl de vin blanc ou le jus de 1/2 citron
1 litre d'eau
3 à 5 brins de persil
1 cuil. à café de poivre en grains

1 Lavez soigneusement les arêtes et les têtes de poisson.
À l'aide d'un couteau chef, coupez les arêtes en 4 ou
5 morceaux. Épluchez l'oignon, sans ôter sa base, et
coupez-le en deux. Posez les moitiés à plat sur une planche
à découper et détaillez-les verticalement en fines rondelles.

2 Dans une casserole moyenne, mettez les arêtes
et les têtes, les rondelles d'oignon, le vin ou le jus de
citron, le persil et les grains de poivre. Portez à ébullition
et laissez frémir 20 min. Écumez de temps en temps.

ATTENTION !
*Ne cuisez pas le court-bouillon trop longtemps,
car il deviendrait amer.*

3 Filtrez le court-bouillon au-dessus d'un bol. Laissez
refroidir, puis couvrez et conservez au réfrigérateur.

ANNE VOUS DIT
*«N'assaisonnez pas le court-bouillon, car il doit
souvent réduire au cours de la préparation
de certaines recettes, ce qui corse les parfums.»*

PORTIONS

La taille des poissons varie énormément, mais un certain nombre
de principes vous aideront à déterminer la quantité dont vous
aurez besoin. Si vous achetez de grands poissons comme la
truite ou le saumon, ou de petits poissons plats, tels que des
soles, destinés à être servis entiers, avec la tête, comptez entre
350 et 400 g par personne. Si vous les servez entiers, mais sans
la tête, prévoyez entre 250
et 350 g par portion.
D'autres facteurs
interviennent :
par exemple si le
poisson est maigre,
s'il est farci, s'il est
cuisiné avec d'autres
ingrédients ou s'il est servi
avec une sauce riche; mais
pensez aussi à l'importance du plat dans le repas et à l'appétit
de vos invités ! Pour des filets ou des tranches qui ont peu
d'arêtes ou pas du tout, calculez entre 175 et 250 g.

LE POISSON ET VOTRE SANTÉ

Peu gras et riche en protéines, le poisson a toujours été le grand
atout de la cuisine diététique. Il se prête bien à des méthodes de
cuisson basses calories : pochage, vapeur, grillage au four et au
barbecue. Les Tresses de poisson à la vapeur et leur vinaigrette
chaude sont pauvres en graisses; vous pouvez même les
éliminer complètement en supprimant la vinaigrette
et en les servant simplement avec un filet de
citron. Les Steaks de thon grillés et salsa,
de même que le Flétan
à l'orientale en papillotes,
comportent un minimum
de graisses ajoutées
et sont accompagnés
de légumes frais. Le
Saumon poché et sauce
au cresson de fontaine
est une autre recette
légère, surtout si vous
remplacez la
crème de la sauce
par du yaourt.
Vous pouvez
alléger beaucoup
d'autres recettes,
en supprimant leur
garniture. Ne servez
pas les sauces à l'ail
et au piment du Rôti de lotte,
et appréciez le poisson délicieusement parfumé aux herbes.
De même, vous pouvez proposer la Bouillabaisse sans sa rouille.
Ne mettez pas de bacon sur les Brochettes de thon : le poisson
mariné et grillé sera tout aussi bon, et plus léger sans le porc.
Et gardez en tête que, dans les plats sautés ou frits, vous pouvez
remplacer le beurre par de l'huile ou par de la margarine.

CUISSON AU MICRO-ONDES

Le four à micro-ondes est parfaitement adapté à la préparation du poisson. Par sa rapidité, il évite à la chair de se dessécher, et assure une cuisson uniforme. Il préserve mieux la texture et le goût du poisson que la plupart des méthodes traditionnelles. Ainsi, les Tresses de poisson à la vapeur cuiront plus rapidement au micro-ondes que dans une couscoussière, avec des résultats identiques, sinon meilleurs. Le Saumon poché se cuisine aussi très bien de cette façon — enroulez éventuellement le poisson sur lui-même pour le cuire. Les Turbans de sole à la mousse de champignons sont parfaits pour ce type de cuisson, à condition de ne pas réchauffer la sauce au beurre dans le four et de vous assurer que les filets sont suffisamment espacés pour ne pas se toucher et pour cuire tous à la même vitesse. Vous pouvez aussi réussir parfaitement selon cette technique les ragoûts et les marmites, dont le Ragoût de poisson aux épices et la Marmite de cabillaud et de moules Nouvelle-Angleterre.

Beaucoup d'autres plats de ce livre peuvent se préparer en partie traditionnellement et en partie au micro-ondes. Faites sauter les morceaux de la Lotte à l'américaine sur la cuisinière, et préparez la sauce au micro-ondes. Cuisez les pâtes des Lasagnes aux fruits de mer classiquement, et réchauffez le plat terminé au micro-ondes; passez-le sous le gril juste avant de servir pour le gratiner. De même, vous pouvez y préparer partiellement le Parmentier du pêcheur, y compris la sauce et la purée de pommes de terre, mais pas les œufs durs, car la vapeur ferait éclater les coquilles. Cuisez le gratin terminé dans un four traditionnel.

Voici quelques conseils pratiques pour une bonne cuisson au micro-ondes.

• Mettez les morceaux les plus épais au-dessus du plat, les plus fins au fond.

• Protégez les filets fins ou fragiles et les poissons entiers en les couvrant très lâchement avec du papier absorbant.

• Les poissons entiers, surtout s'ils sont gros, ne doivent pas être complètement cuits; laissez-les reposer, couverts, pour terminer la cuisson.

• Retournez les poissons entiers ou les filets pour qu'ils cuisent uniformément.

• Retournez les gros morceaux de poisson à mi-cuisson, pour que les sucs qui s'en écoulent ne diffusent pas la chaleur d'un seul côté.

• Pour absorber l'excès d'humidité qu'engendre le micro-ondes, recouvrez le plat de papier absorbant.

• Ne réchauffez jamais un poisson au micro-ondes, car il cuirait tellement vite qu'il se dessécherait.

LES ENCADRÉS TECHNIQUES

Toutes les recettes des **Poissons** *sont expliquées étape par étape, image par image. Certaines techniques de base se retrouvent dans plusieurs d'entre elles : elles sont minutieusement décrites dans des encadrés.*

Les températures de cuisson sont indiquées en °C. À la fin de l'index, vous trouverez un tableau de correspondance avec les graduations du thermostat.

INDEX

A noter que:
Cabillaud peut dire Morue
Carrelet   **Sole**
Lotte   **Baudroie**

REMERCIEMENTS

Phidal remercie les personnes suivantes :
Photographes : David Murray, Jules Selmes,
assistés de Ian Boddy

Chef : Éric Treuille
Consultante : Linda Collister
assistée de Joanna Pitchfork

Production : Lorraine Baird

Carroll & Brown Limited adresse ses remerciements
à ICTC pour les casseroles Cuisinox Élysée
et à Moulinex pour la friteuse.

Anne Willan remercie plus particulièrement Cynthia Nims et Kate Krader
pour leur contribution à la rédaction de ce livre, à la recherche
et à la vérification des recettes, ainsi que les chefs
de l'école de cuisine La Varenne et leurs étudiants.

CUISINE EN IMAGES
Les poissons
Publié par Phidal
Photogravure : Colourscan, Singapour
Impression et reliure : A. Mondadori, Vérone, Italie

PREMIÈRE ÉDITION

Achevé d'imprimer : mars 1994
Imprimé en Italie
Printed in Italy

POIDS ET MESURES

TABLE D'ÉQUIVALENCES

1,5 cl ou 15 ml	1 cuil. à soupe
1 cl ou 10 ml	2 cuil. à thé
3 cl ou 30 ml	$^1/_8$ tasse
6 cl ou 60 ml	$^1/_4$ tasse
9 cl ou 90 ml	$^3/_8$ tasse
12,5 cl ou 125 ml	$^1/_2$ tasse
16 cl ou 160 ml	$^2/_3$ tasse
18,5 cl ou 185 ml	$^3/_4$ tasse
25 cl ou 250 ml	1 tasse (8 oz)
30 cl ou 300 ml	1 $^1/_4$ tasses
37,5 cl ou 375 ml	1 $^1/_2$ tasses
50 cl ou 500 ml	2 tasses (16 oz)
60 cl ou 600 ml	2 $^1/_2$ tasses
90 cl ou 900 ml	3 $^3/_4$ tasses
100 cl ou 1 litre	4 tasses

Équivalent Normal

1 cuil. à thé = 0,5 cl ou 5 ml

1 cuil. à soupe = 1,5 cl ou 15 ml

1 oz = 3 cl ou 30 ml

0.035 oz = 0,1 cl ou 1 ml

Équivalence en Longueur

1 cm = 0.3 pouce

ÉQUIVALENCES EN POIDS SOLIDE

15 g	1/2 oz
30 g	1 oz
60 g	2 oz
85 g	3 oz
100 g	3,5 oz
115 g	4 oz
125 g	4,5 oz
150 g	5 oz
175 g	6 oz
200 g	7 oz
227 g	8 oz
256 g	9 oz
300 g	10 oz
320 g	11 oz
340 g	12 oz
400 g	14 oz
425 g	15 oz
454 g	16 oz

ÉQUIVALENCES POUR TEMPÉRATURE DU FOUR

°C	Gaz	°F
110	1/4	225
120	1/2	250
140	1	275
150	2	300
160	3	325
175	4	350
190	5	375
200	6	400
220	7	425
230	8	450
240	9	475
260	10	500

Équivalent Normal

30 g = 1 oz   1 livre = 16 oz (454 g)

1 g = 0.35 oz   1 kg = 2.2 livres